KB000462

흔들리며
피는 꽃,
간디학교

흔들리며 피는 꽃, 간디학교

1판 1쇄 펴냄 2013년 11월 15일
1판 2쇄 펴냄 2014년 6월 20일

엮은이 제천간디학교

주간 김현숙
편집 변효현, 김주희
디자인 이현정, 전미혜
영업 백국현, 도진호
관리 김옥연

펴낸곳 궁리출판
펴낸이 이갑수

등록 1999. 3. 29. 제300-2004-162호
주소 110-043 서울시 종로구 통인동 31-4 우남빌딩 2층
전화 02-734-6591~3
팩스 02-734-6554
이메일 kungree@kungree.com
홈페이지 www.kungree.com

ISBN 978-89-5820-262-2 03370

값 15,000원

흔들리며 피는 꽃, 간디학교

제천간디학교 10년의 기록

제천간디학교 엮음

궁리
KungRee

덕분에

김영수(발간위원장)

우리는 수많은 관계를 맺고 살면서 도움을 주기도 하고 받기도 한다.
그리고 그 도움을 주고받는 속에서 우리의 관계는 구체화되어간다.
부모 덕분에, 학교나 선생님 덕분에, 친구 덕분에 등, '덕분'이라고 하
는 너와 나의 나눔이 구성원들의 생명수로 존재할 때, 사람들은 '덕분'
에 살다가 죽는다 해도 과언이 아니다. 사회계약이라고 표현하기도
하지만, '덕분'에 더불어 살다가 자연으로 돌아가는 사람만이 아니라,
다양한 조직도 그렇고 수많은 학교도 그렇다고 생각한다.

　간디공동체는 산간벽지로 돌멩이 하나하나 가슴으로 나누어 옮겼던
졸업생과 그 학부모 덕분에, 낯설기 그지없는 제천 덕산으로 몸과 마
음을 옮기고 어디로 튈지 모르는 개구리 같은 아이들과 끊임없이 부대

끼면서 사랑과 자유를 온몸으로 보여주었던 선생님들 덕분에, PC방과 과자에 굶주려 '눈과 마음이 고파도' 친구들과 부딪히면서 잘 성장하고 있는 아이들 덕분에, 그리고 다 늙어서 아이들과 함께 학교에 입학하여 또 다른 학생으로 생활해야만 하는 재학생 학부모 덕분에 10년을 살아왔고 앞으로 10년 아니 100년 이상을 살아갈 것이다.

간디공동체는 지난 10년 동안 서로 나누었고 앞으로도 계속해서 나누어야 할 '덕분'의 시간과 공간을 하나의 기록으로 만들었다. 알싸하거나 짠하면서도 상큼 달콤한, 버거우면서도 가볍고 발랄한, 가슴 시리거나 먹먹하면서도 뭉클한 기억들이다.

이 기록은 흩어져 있지만 결국 하나인 간디공동체 구성원들의 기억과 바람을 새롭게 나누고 있다. 학생과 학교와 학부모가 함께 참여해서 차이와 같음을 확인하고 나누는 간디공동체의 정표인 것이다. 이 기록에서 간디공동체 구성원들이 간디학교를 중심으로 사랑과 자유를 어떻게 나누었고 앞으로 어떻게 나눌 것인가에 대한 과제까지 담아내고 있는 이유이다.

이 기록 또한 간디공동체의 수많은 사람들 '덕분'이다. 간디공동체의 기록에는 화석화되어가는 몸뚱아리를 부여잡고 낑낑대야만 했던 발간위원과 편집위원, 기록의 안과 밖을 보고 또 보면서 보다 정확하게 바로잡아준 세 분의 교정교열위원, 그리고 무엇보다 간디의 정체성을 때로는 부드럽게 때로는 거칠게 어루만져준 필자들이 그들이다. 모두가 '우리'라고 할 수 있는 간디공동체 사람들이다. 또 다른 '우리'가 있다. 대안교육운동으로 새로운 세상의 꽃을 피우기 위해 척박하기 짝이 없는 땅에 대안교육의 씨앗을 뿌리고 물을 주면서 교육에 대한 시선과 가치를 변화시키기 위해 구슬땀을 흘리고 있는 그들, 바로 대안교육을 고민하고 대안교육운동을 함께하는 사람들이다. 간디공동체는 그들 덕분에 살아왔기에 그들과 함께 대안교육운동의 희망터를 다지는 심정으로 과거를 나누고 미래를 나누려 한다. 그런데 '우리'가 아니면서도 '우리'인 또 다른 사람들이 있었기에 '우리'의 기록이 세상에 나올 수 있었다. 궁리출판사 덕분이었다.

간디공동체의 기록을 보며 '우리'는 새로운 여행의 짐을 꾸린다. 지난 10년 동안 짊어졌던 짐 보따리에서 버릴 것은 버리되 상상 속의 새로운 시간과 공간을 메꾸어 나갈 다른 것들을 채워간다는 것이다. 우리는 '덕분'에 함께 가는 사람과 사랑을 주고받으면서, 미래라는 이름으로 비어 있는 시간과 공간을 채워나가는 미지의 탐험여행의 주인이 되어야 한다.

2013년 10월

하설산의 기운을 받으면서 살아가는 아이들의 터에서

• 발간위원 : 김영수(3학년 지형빠), 강수돌(5학년 한울빠), 노상규(3학년 영빈빠), 이승환(3학년 가원
　　　　　　빠), 양승봉(4학년 성민빠), 김정환(1학년 부담임), 오필선(교사대표)
• 편집위원 : 하태욱(2학년 늘찬빠), 은종복(4학년 형근빠), 김승진(5학년 현정빠), 신진철(6학년 지성빠)
• 교정 및 교열 위원: 김명철(간디공동체 대표), 이승환(3학년 가원빠), 나영미(2학년 예슬맘)
• 사진 제공 : 일상다반사

흔들리며 피는
꽃들의 기록

손진근(제천간디학교 교장)

2012년 11월, 인문학 캠프를 마치고 학교에 돌아온 6학년 학생들을 한 사람 한 사람 면담했다. 12월이면 졸업이기에 간디 6년의 삶을 어떻게 정리해서 가져가는지 궁금했다. 짧은 만남이었지만 나에게 전해 준 메시지는 감동과 희망이었다.

"이제 사회인이 되는데, 간디 졸업생이라고 하면 간디에 대해 궁금해할 거야. 너는 간디학교를 어떻게 설명할래?"

"스스로 생각하고 삶을 기획할 수 있는 힘을 주는 곳, 단 게을러질 수 있지만."

대부분의 6학년은 이렇게 이야기했다. 간디학교가 지향하는 사랑과 자발성의 철학을 너무나 잘 가져간다. 스스로 생각한다는 것, 삶을 기획한다는 것, 행복한 삶을 위해 반드시 필요하다. 적게 벌어도 단순하고 소박하게 살면 된다. '그 길이 진리면 가라'는 간디 선생님의 말처럼 그냥 그렇게 갈 수 있는 용기를 지닌 우리 아이들이 훌륭하다.

'단 게을러질 수 있지만', 중등 때에는 게으르고 사춘기가 겹쳐 천방지축, 좌충우돌한다. 부모님들 표현으로 중등은 거의 원초적인 본능에 충실하다가, 고등에 올라오면 이제 인간의 모습을 조금 보인다고 한다. 농담반 진담반으로 이야기하시는 모습이 생각나 크게 한 번 웃었다.

"가장 힘들었던 것이 무엇이냐?"

"친구관계요, 특히 기숙사 생활이 제일 힘들었어요. 그렇지만 한편으로는 재미있는 점도 있었어요. 서로를 알 수 있어 좋았고, 나 자신이 부쩍 성장했어요. 이제 형제자매, 가족 같아요."

짠하다. 기숙사의 치열한 생활이 영화 필름처럼 스쳐 지나갔다. 나도 모르게 눈가가 촉촉해진다.

2013년 1학기도 선후배간의 갈등, 도난 등으로 바람 잘 날이 없었다. 집에서는 왕자나 공주 대접 받던 아이들이, 여기서는 우스갯소리로 하인(?), 무수리(?) 정도 되려나? 기숙사에서는 자기 스스로 모든 것을 해야 한다. 빨래며, 정리며, 물건 관리 등등. 밤에 배가 고파도 참아야 한다. 정 못 참으면 여러 사람과 어울려 밤매(밤에 가는 매점)를 간다. 집에 있으면 냉장고 열어서 그냥 꺼내 먹으면 되는데 말이다. 함께 살려니 해야 할 일도 많다. 묵학, 청소, 취침, 기상, 각종 회의 등. 그래도 6학년은 이 어렵고 힘들었던 과정을 아름다움으로 승화시켰다. 모든 경계에는 꽃이 핀다고 수많은 경계 앞에서 흔들리고 흔들리면서, 이제는 자기 꽃으로 피어난 친구들이 가슴 짜릿하게 다가왔다.

'힘들었지. 간디를 아름답게 봐줘서 정말 고맙구나.'

'흔들리며 피는 꽃, 너희가 자랑스럽구나!'

그리고 자신감을 가져가는 모습, 세상에 대한 고민들, 너무나 소중한 이야기를 간략하게 적어본다.

"내가 하고 싶은 일을 할 거예요."

"쌤, 자신감이 많이 생겼어요. 뭘 하든지 두렵지 않아요. 사회에 나가는 게 기대돼요."

"지금은 여행을 가고 싶어요. 좀 더 많은 경험이 필요해요."

"제가 아이들을 좋아하니, 덕산으로 다시 돌아와 어린이집을 하면 좋겠어요. 이곳 아이들을 만나고 싶어요. 대학에 가서 공부할 거예요."

"내 생각이 세상과 자본주의에 휩쓸려 갈까 걱정돼요."

"협동조합을 제대로 공부하고 싶어요."

"학교 농사를 좀 더 많이 했으면 좋겠어요."

"저학년 때부터 인문학 공부를 했으면 좋겠어요."

"내가 바뀐 것은 아닌데 나를 많이 알게 되었어요."

"사람들과 지내는 게 어렵지 않아요, 생명의 소중함을 알았어요."

"간디에 있는 순간순간 늘 즐거웠어요."

제천간디의 교육이 헛되지 않았구나! 의미가 있었구나!

이런 긍정적인 힘이 어디서 나올까? 곰곰이 생각해봤다. 우선 스스로 일어서는 아이들이 대견하고 자랑스럽다. 흔들리며 피는 꽃을 함께 지켜보며 깨달아 가는 부모님과 선생님들이 훌륭하다. 대한민국에서 비인가로 고등학교를 꾸려간다는 것은 굉장히 어렵다. 보통의 부모님들은 학교에서 인성과 대학이라는 두 마리 토끼를 모두 잡기를 원하기 때문이다.

6년간의 교육과정을 들여다봤다. 중등과정은 좌충우돌한다. 프로젝트와 '움직이는학교'를 통해 자기 자신을 찾고, 세상 만나기를 시도한다. 고등과정은 작업장 중심이다. 해외체험과 개별 움직이는학교, 인턴십, 인문학 캠프로 이어져 다양한 세상을 경험하면서 내 삶을 기획할 수 있도록 한다. 그리고 가족회의, 학급회의, 각종 동아리 회의, 학생회, 일상다반사 등 많은 회의와 자치활동은 형식적인 교육과정을 넘어서 자발성을 강화시킨다.

삶은 연습도 실험도 없다. 교육도 그러하다. 새로운 시도와 도전, 그리고 수많은 우여곡절 끝에 제천간디는 많은 성장을 이루었고 지금의 꽃을 피우고 있다. 산청간디 5년, 제천에 온 지도 벌써 11년이 지났다. 300여 개로 늘어난 대안학교와 대안교육시설, 대안교육의 다양한 모델을 수용하거나 벤치마킹하는 공립형 대안학교는 제천간디의 영향이 조금이나마 들어 있을 것이다. 하지만 아무도 가지 않은 낯선 길 위에 아직도 서 있다.

"붕어빵에 붕어 없는데, 대안교육에 대안이 있는가?"

대안교육 초기 술안주 삼아 나누던 이야기다. 그래도 대안이 있을

흔들리며 피는 꽃, 간디학교

거라며 희망의 술잔에 밤을 지새우던 시절을 떠올린다. 그리고 16년이 지난 지금 이제야 대답을 한다.

"그래, 대안교육에 대안이 있다. 희망이 있다."

그리고 또다시 질문 하나 던진다.

"곰탕에 곰이 없는데 우리 삶에는 대안이 있는가?"

사랑하는 아이들, 부모님, 교사, 마을 주민들 마주 손잡고 이제 삶의 대안을 찾아 나선다. 제천간디 10년을 거울삼아 또 다른 낯선 길을 10년, 20년 걷는다. 간디 선생님의 '마을이 세계를 구한다'라는 말을 굳게 믿고 제천간디와 함께한 세월을 밑거름 삼는다. 그들과 아름다운 동행으로 삶을 즐기며, 행복한 삶을 다시 꿈꾼다.

"자세히 보아야 예쁘다. 오래 보아야 사랑스럽다. 너도 그렇다."

"흔들리며 피는 꽃들의 기록, 이 책도 그렇다. 제천간디 너도 그렇다."

차례

| 이 책을 펴내며 | 덕분에 ... 5
| 머리말 | 흔들리며 피는 꽃들의 기록 ... 9

1부 하나가 되려는 삶, 교육 ... 19

똥 푸고 돼지 기르는 학교 ... 21
내 삶의 주인이 되기 위해 하는 공부 ... 28
야호, 우리는 호모 루덴스! ... 33
부모도 함께 학교를 다니다 ... 43
아이마다 졸업장이 달라요 ... 49
동아리에서 사람과 공감을 배우다 ... 56
아이 덕분에 변하는 부모의 삶 ... 65
기다림의 미학을 가르치는 아이들 ... 75

졸업생 이야기 1 | 뭐든 해봐, 정해진 길은 없는 거야 ... 79

2부 너와 내가 함께 서는 학교 ... 89

간디정신을 배우고 실천하다 ... 91

너는 고3인데 공부 안 하니? ... 98

사랑과 자발성은 학교 홈페이지에만 있나요? ... 107

아이들의 힘을 믿는다는 것 ... 119

교내 생활을 결정하는 '가족회의' ... 132

나와 남을 잇는 '주를 여는 시간' ... 140

스스로 서고 더불어 사는 아이들 ... 149

졸업생 이야기 2 | 미래의 영화감독, 대안학교 교장을 꿈꾼다! ... 160

3부 천방지축 간디 아이들 ... 165

비폭력 학교에서 폭력을 이야기하다 ... 167

별 보는 방에서 연기가 나는 까닭은? ... 176

세상은 Lte, 간디는 2G ... 181

눈도 고프고 배도 고프지만 ... 188

시간을 죽이고 살리는 아이 ... 194

사라진 남자 성기 모형과 성교육 CD ... 199

졸업생 이야기 3 | 그땐 그랬지 ♪ ... 209

4부 흔들리며 피는 꽃, 제천간디학교   … 219

대안학교는 귀족리그인가?   … 221

주민과 함께하는 마을학교   … 225

대안교육과 학부모: 소비자와 혁신가의 사이   … 231

제천간디가 실천해온 대안교육운동의 의미   … 238

진정한 루저 정신을 아는 아이들   … 244

지난 10년간 나를 키워준 간디   … 249

흔들리지 않고 피는 꽃이 어디 있으랴?   … 257

‘4대 보험 필요 없어요!’   … 264

간디 10년 후를 그려본다   … 268

우리 아이들은 앞으로 어떻게 살아갈까?   … 274

졸업생 이야기 4 | 너희는 좋겠다, 학교 다녀서   … 284

| **닫는글** | 간디 예찬   … 291

| **부록** | 간디학교의 발자취   … 299

1부

하나가 되려는 삶, 교육

똥 푸고 돼지 기르는 학교

조하한(4학년)

이 이야기는 고등부들이 소속되어 있는 작업장 중 가장 흙냄새 나고, 땀냄새 나고, 똥냄새 나는 농사작업장에 대한 것이다.

매주 화요일 오후 2시 30분. 농사작업장에서 일할 아홉 명의 남학생은 생태화장실에 어슬렁어슬렁 모여 장화를 신고, 헌 장갑을 끼고, 반쯤 찡그린 표정으로 삽을 든다. 1주일 동안 쌓인 간디인들의 똥을 푸기 위함이다. 농사작업장은 1주일에 한 번 생태화장실에 쌓인 똥을 푸는 조건으로 아침청소를 면제받는다. 그 때문에 툴툴대지 않고 참 잘 푼다. "똥 푸자!" 소리가 들리면 우리는 자기 위치로 이동한다. 칸마다 꺼 있는 똥통을 빼오는 사람, 똥통을 번쩍 들어 돼지장 안에 넣어주는 사람, 그 안에서 똥을 받아 깊숙이 부어주는 사람, 빈 똥통을 물로 깨끗이 씻는 사람, 다 씻은 똥통에 왕겨를 듬뿍 뿌려놓는 사람, 왕겨가 뿌려진 똥통을 다시 칸마다 넣는 사람! 마치 개미라도 된 것처럼 누구 하나 놀지 않고 열심히 똥을 푸고 있자니 멀리서 지켜보는 어린 중등부 친구들의 시선이 느껴진다. 가까이 와서 구경하다가 냄새난다고 놀리는 애들도 여럿 있다. 그럴 때마다 왕겨 한 줌씩 쥐고 쫓아가면 금세 도망가곤 한다. 그렇게 20~30분 정도면 1주일 동안 묵혀 있던 생태화장실이 한층 가벼워진다.

이렇게 퍼낸 똥들은 우리의 보물 돼지들에게 전해준다. 우리가 똥통을 비우는 모습을 멀리서 지켜보다가 슬금슬금 기어나와 보기 좋게 똥들을 파헤쳐놓는다. 한 달, 두 달, 돼지장에 부어주는 간디인의 똥을 먹으면서 이쁘장한 새끼들도 낳았다. 눈도 못 뜨는 조그마한 새끼들이 어느새 돼지장의 작은 구멍으로 빠져나와 운동장 이곳저곳 발자국을 남기며 노는 모습을 보고 있노라면 꼭 자식 낳은 기분이 이런 걸까 하는 생각이 든다. 한번 쓰다듬어 보자고 다가가면 곧 잡아먹히기라도 할 듯 후다닥 도망가지만, 좀 크면 알겠지, 나쁜 사람들이 아니었단 걸(웃음). 비가 온 다음날 운동장에 찍혀 있는 발자국과 돼지장과 가까운 농구장에 빼꼼히 고개 내밀고 있는 새끼돼지들의 똥들이 정겹기만 하다.

농사작업장에서의 배움은 여기서 생겨난다. 우리가 키운 돼지들, 슬프지만 우리가 잡아서 먹기도 한다. 돼지를 잡을 때 학교에 울려 퍼지는 울음소리 때문에 고기를 못 먹는 사람도 여럿 있지만, '내가 잡을 수 있는 고기만 먹자'라는 생각에 농사작업장 친구들은 대부분 공감하며 (구성원 중에서도 돼지를 잡고 나서 못 먹는 친구들이 있다.) 슬프지만

생명, 삶과 죽음에 대해 배우는 농사작업장에
서 수학, 과학보다 더 값진 공부를 한다.

돼지를 잡는다. 우리는 음식을 먹고, 그 음식을 똥으로 싸고, 싼 똥은 돼지가 먹고, 그 돼지를 우리가 먹고, 다시 똥을 싸고……. 자연은 순환한다는 것을 자연스레 배운다. 다른 대안학교에서 교류를 하러 오면 필수코스로 농사작업장을 손꼽는 이유도 이 때문이 아닐까. 고기 한 점을 먹는 것이 결코 가벼운 일이 아니란 것을 알고, 한 생명이 태어나고 자라고 죽는 것을 보며 작업장 친구들 외에 다른 간디인들도 느끼는 점이 많을 것이다. 여담이지만 돼지를 잡을 때 운동장에 울리는 비명에 가까운 돼지 울음소리를 듣고 있으면 혹시 학교에서 채식을 권장하게 하려는 게 아닌가 싶기도 하다.

이렇게 삶과 죽음을 같이 배우는 농사작업장. 근데 '농사'작업장인데 하라는 농사는 안 하고 똥만 푸나라는 생각이 들기도 할 거다. 사실 우리도 그렇다. '이거 돼지작업장 아냐?', '인력사무소가 더 가까울 거 같은데?'라는 말을 농담처럼 하곤 한다. 학교 곳곳에 성하지 못한 곳들을 찾아서 철거하고 보수한다. 이미 삽은 우리와 하나가 되었다. 그럼에도 불구하고 불평불만은 많이 없다. 농사쌤이 말씀하셨다. '이 모든 과정이 농사의 준비단계이다.' 솔직히 당장은 이해하지 못했다. 하지만 농사쌤도 우리와 농사를 많이 하지 못해서 미안해하고 계시다는 걸 알고 있고, 우리도 충분히 이해하기 때문에 서로 으쌰으쌰하며 고된 작업시간을 웃으면서 보낼 수 있다. '막걸리가 마시고 싶다'는 말을 막걸리와 비슷하게 생긴 '아침햇살 먹고 싶다'라고 하면 진짜로 아침햇살을 사 오시는 농사쌤. 비록 막걸리는 아니지만 한 잔씩 나눠 마시며 수학, 과학보다 더 값진 공부를 한다.

이렇게 진한 우정을 나누며 일을 하는 농사작업장에는 큰 특징이 있다. 그렇다. 여자가 없다. 작업장은 4, 5학년으로 구성되며 매년 구성원이 바뀌기 때문에 분위기도 조금씩 달라진다. 하지만 농사작업장에는 '여성동지'가 한 번도 들어온 적이 없었다. 사실 일을 하다가 조금씩 힘들어진다 싶으면 아주 자연스레 '야한' 농담으로 말문을 튼다. 이게 성교육 시간인지 작업장 시간인지 헷갈릴 정도로 자연스레 주고받는 야한 농담을 통해 웃음을 잃지 않으면서 일을 한다. 믿거나 말거나. 많은 작업장들 중에서 유일하게 여자가 없는 농사작업장의 장점이라고 해야 할까. 그만큼 농사작업장이 많이 고된 곳이라는 걸 말하고 싶다. 그래도 우리는 여자와 함께하는 농사작업장을 항상 꿈꾼다.

남자들끼리만 모여 인력사무소라는 말도 듣지만 농사작업장이란 이름에 걸맞은 일도 한다. 주변 마을사람들 집에 찾아가 퇴비를 같이 뿌려주는 등의 일손 나누기를 한다. 모종을 키워 학교 밭에 심기도 하고, 1학년 꼬맹이들이 수업시간에 쓸 밭을 정리해주기도 한다. 이 또한 힘든 건 매한가지이다. 그때마다 농사를 하면서 진정 즐거울 수 있을까? 하는 물음을 던져본다. 농사에서 빠질 수 없는 것 중 하나가 김매기다. 그런데 이 일을 참 싫어했다. 1학년 때 듣는 농사 기초 시간에도 그랬고, 그동안 해온 노작의 날에서도 김매기에 관한 거면 정말 하기 싫어했다. 노동을 통해 즐거움을 찾는다는 것이 어찌 쉬우랴.

얼마 전 한 학기를 마치는 마지막 수업에서 모종을 심고, 작은 밭에 김매기를 했다. 그런데 돼지장에 수로를 묻는 일이나 돼지장에 쌓인 것들을 퍼내는 일보다 편해서 그랬는지는 모르겠지만, 최근의 김매기는 예전 김매기와는 많이 달랐다. 손에 쥔 호미가 내 손 같았고, 작기만 했던 밭이 야속하기까지 했다. 농부의 피가 흐르는 걸까? 갑자기

누가 말해준다고 아는 것이 아닌 몸으로 느
끼는 배움. 졸업하기 전에 간디인들이 한 번
쯤은 느끼고 가면 좋겠다.

바뀌어버린 그때의 마음이 일시적이었을지는 몰라도 김매기를 하면서 즐거웠다. '노동을 통해 즐거움을 찾는 것.' 농사작업장뿐만 아니라 다른 작업장에서도 학생들이 찾아나가면 좋겠다.

얼마 전 학교에 있던 농사창고를 학교 밖에 가까이 둔다는 명목으로 꽤 멀리 떨어져 있는 작은 저수지 앞으로 옮겨놓았다. 무지하게 큰 크레인이 와서 컨테이너 박스를 번쩍 들어 옮겼다. 이사를 마친 농사창고 앞에 벽돌을 깔아 길을 만들고, 매트도 가져와서 푹신하게 깔아놓으며 학교와는 독립된 우리만의 공간이 생겼다. 농사쌤이 곤란해하시겠지만 몰래 라면도 끓여 먹으면서 놀기도 했다. 이런 맛으로 농사작업장을 한다면 농사쌤이 좀 서운해하시려나(웃음).

한 학기 수업을 마치고 모두 아지트로 모여 1박 2일 MT를 가졌다. 밤낚시도 하고, 순대볶음도 해먹으며 한 학기 동안 뭉쳤던 근육들을 달랬다. 전기가 없는 농사창고 안에서 몇 개의 촛불만으로 얼굴을 비추고 소감을 나눴다. 그저 일만 했을 뿐인데 그 안에서 배움과 생각과 웃음과 감동이 생길 수 있는 게 새삼 놀라웠다.

노동을 통해 즐거움을 찾는 것, 학교에서 꿈꾸는 노작교육이 이런 게 아닐까 하는 생각을 해본다. 누가 말해준다고 아는 것이 아닌 몸으로 느끼는 배움. 졸업하기 전에 간디인들이 한 번쯤은 느끼고 가면 좋을 것 같다. 돼지들이 무럭무럭 자라길 바라며, 농사작업장에 여학생이 들어오길 바라며, 배움은 멀리 있지 않다는 생각을 하며.

똥 푸고 돼지 기르는 학교

내 삶의 주인이
되기 위해 하는 공부

최소은(5학년)

제천간디는 일반학교에서 배우는 교과서 위주의 학습을 하지 않으며, 시험으로 평가받는 학교가 아니다. 우리 학교는 주제 프로젝트나 평화 · 생명 프로젝트 등 프로젝트 수업과 고등부 작업장, 그림이나 악기, 사회수업 등 많은 수업을 한다.

수업은 꼭 들어야 하는 필수수업과 자신이 선택해서 듣는 선택수업이 있다. 프로젝트 수업은 쉬지 않고 학기마다 해마다 들어야 하고, 필수수업인 음식, 옷 만들기, 농사는 중등과정에서 한 번은 들어야 한다. 그리고 나머지는 자신이 선택해서 들을 수 있는데 예체능 분야나 역사 · 사회 등 정말 다양한 수업이 많다.

내가 지금까지 들었던 수업들은 대체로 몸으로 움직이는 것보다 책상에 앉아서 열심히 토론하고 이야기하는 것이 더 많았다. 그래서 그 위주로 설명을 하려 한다.

수업은 선생님 강의가 주를 이루거나, 함께 토론하거나 이야기하면서 진행하기도 한다. 하지만 대부분 선생님과 학생들이 서로 소통하며 수업을 진행한다. 수업방식은 숙제를 해 와서 서로 공유하고, 사회나 역사 수업의 경우 〈지식채널e〉 등의 영상을 보면서 느낌이나 생각을 함께 나누고, 글을 읽고 발췌를 해 오거나 책을 읽고 서평을 쓰기도 한다. 물론 숙제를 하는 과정이 힘들 때도 있다.

내가 지금까지 들었던 수업 중 인상 깊었던 수업은 사회 분야이다. 이 수업은 들을 때마다 많은 여운을 남겼다. 우선 중학생 때 들었던 '지식채널e로 세상 보기'라는 수업은 말 그대로 〈지식채널e〉를 보고 느낀 점을 나누거나 같이 이야기해보는 수업이다. 여기에서 사회 문제나 여러 모습의 사람들, 문화 등을 공부했는데 그중에서도 비정규직 관련 영상을 보고 이야기를 나눈 것이 가장 기억에 남는다. 뭔가 현실적인 면이 와닿았다고 해야 하나? 나도 졸업을 하면 비정규직으로 살아갈 가능성이 많아서 많이 와닿았고 한 번 더 깨우침을 얻은 수업이었다.

그리고 4학년이 되어서는 '고등사회'를 들었는데, 그때는 한 파트를 읽고 발췌를 해 오는 것이 숙제였다. 난 '신자유주의의 꼼수, 비정규직'이라는 파트를 맡아 글을 읽고 요약했다. 중학생 때 어설프게나마 들었던 비정규직에 대해 이때 좀 더 깊이 알게 되었고 생각도 좀 더 많이 하게 되었다.

5학년 때는 5학년 수업의 꽃이라 불리는 '서양고전 읽기' 수업이 있

제천간디에서는 흔히 말하는 시험공부가 아
닌 살면서 꼭 알아야 할 것들, 배워야 할 것
들, 내가 내 삶의 주인이 되기 위해 해나가야
할 것들을 가르쳐주었다. 그리고 우리는 자연
스럽게 배운다. 지금 내가 하고 있는 게 당연
하다고 느껴지듯이.

다. 이 수업은 고전을 읽고 서평을 써 오는 것이 숙제이다. 수업시간에는 그에 관한 주제로 자기 생각을 짧게 적고 함께 나눈다. 난 이번 학기에 이 수업을 들었는데 숙제하는 과정이 너무 힘들었다. 물론 개인차는 있지만 책을 빨리 읽는 편이 아니라서 이해를 할 때까지 그 페이지만 붙잡고 있어야 했다. 그렇게 느릿느릿 읽고 겨우 서평을 썼다. 하지만 수업내용은 정말 알차고 재미있다.

수업을 시작하면 서로의 서평을 돌려가면서 읽는다. 그러고 나서 희석쌤의 강의를 듣고 쌤과 우리가 준비해 온 글쓰기 주제들을 하나씩 쓰고 난 뒤 모두가 빠짐없이 자신의 글을 이야기한다. 예를 들자면 단테의 『신곡』을 읽고 '희망이 없는 곳이 지옥이라면 현실에서 지옥은 어디인가?'라는 주제로 2~3분 안에 짧게 쓰고 각자 쓴 내용을 공유한다. 이 수업이 가지는 매력은 주제를 가지고 바로 짧은 글을 쓰는 것이라고 생각한다. 왜냐하면 내가 쓴 글을 다른 사람들 앞에서 이야기할 때 개인의 고백이나 솔직한 이야기들이 많이 나오기 때문에 듣고 있을 때나 이야기를 할 때 그냥 재밌고 흐뭇하다. 그것이 슬픈 이야기든, 기쁘고 재밌는 이야기든. 비록 이 수업의 숙제 때문에 정말 힘들고 지쳤지만 내용은 정말 알차고 유익했다. 친구들의 솔직한 이야기를 들을 수 있고 내 이야기도 편하게 할 수 있기도 하고, 고대 역사의 흐름이나 사건들도 머리에는 잘 안 들어오지만 한 번씩 들을 수 있다는 점이 만족스러웠다.

사실 나도 중학생 때는 불안해했다. 아마 제천간디학교를 다니면서 불안하지 않은 사람은 거의 없을 것이다. '평범한 대한민국 학생들처럼 공부하고 시험 보는 게 차라리 낫지 않을까'라고 생각해본 적도 있다. 그때는 일반학교를 다니는 학생들이나 내 친구들을 보면서 비교를 했다. 하지만 시간이 흐를수록 그 불안감은 점점 없어졌다. 내가 지금 하고 있는 것들이 당연하다고 느껴졌기 때문이었다. 오히려 밤낮 구분 없이, 잠을 줄여가며 머리에 들어오지도 않을 공부를 하는 것보다 내가 몸으로 느끼고 깊게 생각하는 공부를 하면서 행복을 느낀다면 그걸로 충분하다고 생각한다.

제천간디에서는 흔히 말하는 시험공부가 아닌 살면서 꼭 알아야 할 것들, 배워야 할 것들, 내가 내 삶의 주인이 되기 위해 해나가야 할 것들을 가르쳐주었다. 그리고 우리는 자연스럽게 배운다. 지금 내가 하고 있는 게 당연하다고 느껴지듯이.

'나만'이라는 생각보다 나와 너, 주변 사람들을 돌아보고 같이 가고 배운다. 우리는 있는 길을 따라가지 않는다. 어쩌면 그냥 따라갔으면 훨씬 쉽게 생각할 수도 있었겠지. 하지만 있는 길을 피해가지도 않는다. 지금 우리는 우리만의 길을 다같이 걸어가고 있다.

여기 제천간디학교에서 만난 사람들과 내가 앞으로 만날 사람들과 함께.

야호, 우리는 호모 루덴스!

이승환(3학년 가원빠)

삶의 무게가 느껴질 때면 문득문득 떠오르는 어린 시절의 삽화 한 토막.

"솥단지는 누구 담당이고? 육고기는 넉넉히 끊어왔제?"

"모자라면 물고기 좀 잡지 뭐. 그나저나 깽매구[四物]는 누가 챙겼노?"

뻐꾸기 울음소리가 제대로 물이 오른 초여름 어느 날, 모내기를 마친 마을 어른들은 모처럼 어깻바람을 내며 마을 뒷산 절골 계곡을 탔다. 또 한 고비를 넘겼으니 하루 날 잡아 먹고 마시고 놀며 봄농사로 지친 심신을 달래기 위해서였다. 이날만큼은 날씨 걱정 집안 걱정은 잠시 잊어도 좋았다.

나무 그늘 아래서는 구수한 육개장이 끓고, 뒤집어놓은 소두방(솥뚜껑)에서는 지짐이 노릇노릇 익어가고……. 서로 위로하며 잔이 오가는 가운데 분위기는 금세 달아올랐고, 해가 중천에 솟을 무렵 누가 먼저랄 것도 없이 꽹과리며 장구를 들었다.

덩덩 덩따쿵 덩따쿵따쿵타쿵, 노세노세 젊어서 노세 늙어지면 못 노나니, 얼쑤얼쑤 낙양동천이화정……. 평소 근엄하던 문중 아재도, 늘 살포시 고개를 숙이고 다니던 새댁도 이날만큼은 목청을 돋우고 어깨를 들썩였다.

일견 생경스럽기도 했지만, 엄마 치맛자락을 붙잡고 따라간 어린 눈에는 그 풍경이 어찌나 신명나고 즐겁던지. 역시 좋은 속을 비워야 그 소리를 멀리 보낸다. 다음날, 어른들의 눈빛에는 여유가 흘렀고 들로 나가는 발걸음들도 가볍기만 했다.

우리 고향 동네에서는 이러한 하루 휴식을 '회취'(會聚)라고 불렀는데, 회취든 잔치든 놀음이든 축제든 파티든 페스티벌이든 뭐든 좋다. 그동안 애쓴 그대들은 놀아야 하고 놀 수밖에 없다. 우리는 노는 인간, 호모 루덴스(homo ludens)이기 때문이다. 네덜란드의 문화인류학자 요한 하위징아(Johan Huizinga)의 말대로 놀이는 인간의 본성이며, 이러한 본성이 문화적으로 표현된 것이 회취이고 잔치이고 축제다.

축제는 비생산적인 행위이나 생산을 위해 필수불가결한 요소다. 인류가 고도의 문명을 이룩해오는 동안 놀이로부터 떠나 있었던 적은 한시도 없었다. 한때 놀이를 시간 낭비로 봐 노동만을 강요한 시절도 있었지만, 노동이 인간의 행복을 오롯이 가져다주지는 않았다. 산업

제천간디학교는 '호모 루덴스의 실종'을 단호
히 거부하며, 놀이하는 인간으로 살기에 충실
한 학교다.

사회가 심화되며 오히려 억눌린 감정을 표출하고 풀 수 있는 놀이의 가치가 재조명받기 시작했고, 놀이는 이제 삶의 질을 재는 척도가 되어 더 잘 누리고 즐겨야 할 '덕목'의 반열에까지 올랐다.

하지만 기성 사회와 달리 학교현장에서의 놀이는 여전히 시간 낭비다. 급훈이라는 게 '지금 놀면 평생 논다', '지금 놀면 공장 간다', '대학 가서 미팅할래 공장 가서 미싱할래' 식이다. 이렇게 경쟁을 부추기며 휴식과 놀이를 뺏다보니 아이들에게 감성적 욕망과 이성적 사고의 조화를 바라는 것은 언감생심이다. 놀이 없는 삶은 비극이라는 것을 모른 채 아이들은 호모 루덴스로부터 점점 멀어지고 있는 것이다.

제천간디학교는 '호모 루덴스의 실종'을 단호히 거부하며, 놀이하는 인간으로 살기에 충실한 학교다. 1년 내내 축제를 여는 학교라고 하니 간디학교를 잘 모르는 사람들은 이솝우화 '개미와 베짱이'에 나오는, 다가올 추운 겨울을 대비하지 않고 현재의 삶을 즐기는 한심한 베짱이를 떠올릴 수도 있겠다.

하지만 간디인들은 이 우화의 교훈을 맹종하지 않는다. 삶에 필요한 것은 개미의 노동만이 아니라는 것, 한겨울에도 베짱이의 노래는 필요하며 그게 한 줌 햇살 역할을 할 수도 있다는 것을 가르치고 배우고 실천한다(물론 개미의 노동 역시 신성시한다).

간디인들의 축제는 일(수업)과 놀이가 분리되어 있지 않으며 서로 대비되는 개념도 아니다. 수업시간에 배운 풍물과 춤과 노래가 무대에 오르고, 사진 동아리에서는 사진전을 열며, 음식 동아리에서는 직접 만든 잼을 손님들에게 판다. 한마디로 일상의 표현인 셈이다.

1부 하나가 되려는 삶, 교육

공연자와 청중의 구분도 없어, 때에 따라 행위자가 되기도 하고 구경꾼이 되기도 한다. 축제가 개인기의 표현장이 아니기에, 간디인들은 유명스타 한 명이 여는 근사한 콘서트보다는 너도 나도 참여하는 구성진 '전국노래자랑'식 공연을 지향한다.

축제마다 늘 지역민들이 함께한다는 것도 제천간디학교의 특징이다. 간디인들은 그들만의 리그가 아니라 지역사회와의 호흡도 중요시해, 학생들의 축제계획서에는 마을 어르신들 모시기가 빠지지 않는다. 학교공간 안으로 걸음하는 주민들은 누구나 환영을 받고, 운동장가 나무 그늘에 앉으면 시원한 국수 대접까지 받을 수 있다.

이렇게 간디인들은 일상다반사인 축제를 통해 자신의 끼를 발휘하고 서로 재주를 칭송하고 더불어 살기를 실천하며 '잘 노는' 아이로 성장해간다.

제천간디학교의 축제는 크게 5월 대동제, 1학기 기말 축제, 10월 가을축제가 있으며, 여기에 3월 입학식, 4월 비폭력 서약식, 12월 졸업식을 합하면 여섯 개나 된다. 방학 서너 달을 빼면 거의 한 달에 한 번 꼴로 축제를 여는 셈이다.

가장 큰 축제라 할 수 있는 대동제는 학생·교사·학부모는 물론 졸업생 가족과 은퇴교사와 지역주민들이 어우러지는, 그야말로 모두가 하나로 뭉치는 대동단결 축제다. 토요일 오후의 명사 특강과 전야제, 그리고 뒤풀이로 이어지는 대동제는 다음날 아침 공연·운동회 등 각종 행사와 학교 여기저기에 먹거리·알뜰장터·지역농산물 판매부스가 설치되며 절정을 맞는다. 이날의 열정은 저 멀리 바라보이

야호, 우리는 호모 루덴스!

간디인들은 일상다반사인 축제를 통해 자신의 끼를 발휘하고 서로 재주를 칭송하고 더불어 살기를 실천하며 '잘 노는' 아이로 성장해간다.

는 월악산 영봉이 들썩일 정도다.

2006년 건국대 새천년홀에서 제천간디학교 기숙사 건립기금 마련 공연을 하며 시작된 가을축제는 이후 매년 5학년들이 주관하고 있다. 6학년 때 인턴십을 위해 현장으로 떠나기에 앞서, 실질적인 최고학년으로서 마지막 불꽃을 사르는 것이다. 가을축제는 계절 분위기에 맞게, 자유분방함보다는 차분함과 원숙미가 묻어나는 게 매력이다.

1·2학기 기말 축제는 방학을 앞두고 학기를 마무리하는 행사다. 한 학기 동안 공부한 교과발표회의 성격도 갖는 기말 축제는 교사들의 도움도 일부 있지만 학생들이 대부분 기획하고 준비한다. 대동제나 가을축제만큼 큰 규모는 아니지만, 아이들의 수업내용과 성장과정을 엿볼 수 있기에 이 행사 역시 부모들은 엄지를 치켜세운다. 하지만 과도한 축제로 학기 중 수업과 생활에 집중하기 어렵다는 지적이 있어 2학기 기말 축제는 없애고 2학기 교과발표회와 졸업식에 집중하기로 했다.

비폭력 서약식은 딴 곳에서는 찾아볼 수 없는 간디인들만의 독특한 축제로, 어떠한 경우에도 폭력을 쓰지 않고 어떠한 폭력에도 끝까지 저항하겠다는 것을 선언하는 행사다. 혹자들은 "그게 무슨 축제냐"고 반문할지도 모르지만, 학생들이 서약식 겸해 준비한 평화에 관한 노래와 춤과 연극과 자기고백은 이 행사 하나를 보기 위해 충북 제천 산골짝까지 찾아오는 행렬이 꼬리를 물 정도로 감동적이다.

제천간디학교는 입학식과 졸업식 역시 단순한 의식이 아니라 축제로 승화시킨다. 간디인들에게 입학식은 6년 동안 함께 지낼 20여 명 학생과 40여 명의 부모를 공동체 식구로 맞이하는 날이며, 졸업식은 6

년 동안 보듬고 있던 자식들을 드디어 사회로 내보내는 날이다. 하여, 입학식과 졸업식 날에도 노래와 춤과 박수와 웃음과 감동의 눈물이 빠지지 않는다.

이렇게 축제에 살고 축제에 죽기에, 제천간디학교에는 '행사부'라는 축제담당 공식 직제가 있으며, 학생회에도 행사부가 조직되어 있다. 축제와 관련된 각종 회의와 준비는 모두 여기서 이뤄지며, 규모가 가장 큰 대동제는 운영위원회 산하 문화소위에서 주관한다.

간디인들이 얼마나 축제에 애정과 정성을 쏟는지는 학생들의 탄탄한 행사기획안만 봐도 알 수 있다. 행사개요, 취지, 기획의도, 세부내용, 역할분담, 홍보, 예산 등 기획안을 짜는 수준이 웬만한 기획사 뺨친다. 여기에 교사 · 학부모 협조, 지역사회 및 소외계층 배려 부분까지 곁들여져, 간디학교의 축제문화를 처음 접하는 새내기 학부모들은 전문 공연기획팀을 부른 게 아닌가 하고 착각할 정도다.

이처럼 각 축제마다 나름의 의미를 부여하고 하나하나 알뜰하게 '잘 놀' 준비를 마친 뒤 간디인들의 축제는 시작된다. 그럼 이제 제천간디학교의 축제 한 토막 속으로 들어가보자.

학교 건너편 하설산(1028m) 꼭대기에만 한 줌 잔광이 남아 있는 2013년 5월 11일 해거름녘. 뭔가 눈치를 챘는지, 봄바람에 일렁이던 교정의 플라타너스가 멈칫 긴장한다. 이와 동시에 운동장에 환한 조명이 켜지며 시끌벅적 왁자지껄 몰려나오는 아이들. 드디어 제천간디학교 대동제의 시작이다.

경쾌한 음악 속에 아이들이 무대를 정리하는 동안 부모들의 환호와

간디인들의 축제는 일(수업)과 놀이가 분리
돼 있지 않으며 서로 대비되는 개념도 아니
다. 한마디로 일상의 표현인 셈이다.

박수는 점점 달아오르고, 모처럼 요란한 산골 축제에 심심한 봄밤을 죽이던 마을 주민들도 하나둘씩 걸음한다.

첫 공연은 무예 동아리의 무예도보통지(武藝圖譜通志) 실연이다. 권법·검법 등 발놀림도 가볍게 그동안 갈고 닦은 실력을 펼쳐 보이는 아이들. 각종 기술들을 선보일 때마다 객석에서는 무협영화보다 낫다는 둥 소림사로 가라는 둥 이런저런 함성과 함께 웃음이 터지고, 그 뜨거운 반응에 고무된 아이들은 당장 장풍과 축지법이라도 쓸 듯 무대를 휘젓는다.

이어지는 공연은 춤 동아리 '미지정'팀의 공연. 춤과 노래가 일상인 학교이기에 아이들은 텔레비전 속 아이돌들을 데려다놓은 듯 동작 하나하나에 조금도 걸림이 없다. 발산하는 흥겨움에 또 들려오는 객석의 함성 "홍대 앞 클럽으로 가라!", "대학로로 가라!"

춤 공연에 이어 밴드 팀이 무대에 오르면서 축제는 점점 절정으로 치닫는다. 음악 속으로 들어가는 건 한순간이다. 각 악기들이 제자리를 잡자마자 교정에는 드디어 강렬한 멜로디가 휘몰아친다. 바닥에 쫙 깔리는 베이스, 귓전을 쩡쩡 울리는 드럼, 자지러지는 기타 소리…… 아이들의 손은 기타 줄과 드럼 위를 날아다니고, 이 순간 누구도 신명을 감출 필요는 없다. 누가 먼저랄 것도 없이 일어서서 박수치고 몸을 흔드는 가운데 어느새 무대와 객석은 하나가 되고, 이윽고 완성되는 무아지경.

멀리서 보면 도깨비들이 몰려나와 난장을 벌이는 광경이 이러할까. 허허 참, 뒷동산 노루가 아이를 업어가도 모를 제천간디 대동제의 밤이다.

부모도 함께 학교를 다니다

변영희(6학년 태운맘)

2008년 3월. 집현산 정상에서 올린 기도발(?)로 큰아이 태운이는 간디학교에 무사히 입학했다. 입술이 부르트며 속앓이를 겪으면서도 진중하고 소심한 아들은 작은 덩치에 어울리지 않게 농구에 빠져 행사 때마다 운동장 한켠의 초라한 농구 골대 곁을 서성거리고 있었다.

2008년 4월. 여행을 떠나듯 간단한 짐을 꾸리고 열두 살 딸아이의 손을 잡는다. 두 살 터울 오빠의 움직이는학교(무빙스쿨)를 따라 가려면 자기가 다니는 학교를 3주씩이나 결석해야 하는데도 별다른 불평이 없다. 간디학교와 인연을 맺으면서 앞으로 6년, 아니 작은애까지라면 8년. 두 아이가 청소년기에 누려야 할 자유와 맞바꿀 나의 현실은 절대 자유롭지 않겠지. 정기적인 수입을 선택하고 직장에 묶이기 전에 간디를 한사코 사랑하기 위해 선택한 것이, 아직은 자유로울 때 그들과 함께하는 것…… 날도 달도 좋은데 무빙스쿨 따라 나도 여행을 가련다.

🌱 하나. 음주금지성명서

기껏해야 열세 살, 열네 살의 어린 아이들이다. 무빙스쿨 시작한 지 1주일쯤 되었나…… 부모와 교사를 지목한 성명서를 써서 들고 아이들이 찾아와 또록또록 낭독한다. 무빙스쿨도 학교수업인데 학교 안에서는 음주를 금해줬으면 좋겠다는 내용이다. 어리디 어린 놈들이 턱없는 당당함으로 성명서를 읽고 있으니 부모들은 헉 하고 숨이 넘어간다. 무빙 3주의 식단을 책임지고 아침 점심 간식을 챙겨 먹이고 조별로 준비하는 저녁식사 준비까지 지도하며 한 주를 살아내면서 지켜본 바, 애기티 벗고 있구나 정도의 모습밖에 보이지 않던 아이들이었다. 주말이라 방문한 부모님들에게 눈빛 총총히 쏘아대며 제대로 따지고 든다. 차분한 말솜씨를 선보이며 흔들림 없는 아이들을 엿보면서 열불토론…… 한 발 물러선 부모님들은 따로 의논해서 알려주기로 하고 아이들을 돌려보낸 뒤 술독에 빠졌다. 결국, 무빙이 진행되는 학교 안에서는 농부님들 외엔 음주를 허용하지 않겠다는 약속으로 아이들의 건방진 성장을 축복해줬다.

🌱 둘. 열네 살 연애

달빛안개 내리는 어스름한 저녁이면 손잡고 나가는 멋스런 남녀가 있다. '어디 가니? 너무 늦도록 있지 말고 적당히…… 알지?' '알아서 해요 걱정 마세요' 뒷모습 따라나선 내 눈꼬리 끝에는 부러운 질투가 초승달처럼 거꾸로 걸려 있다.

셋. 외로움(중국인턴교사 주란)

시끌벅적 요란하고 재미나게 엉켜 지내는 무빙스쿨 안에서도 눈물은 있다. 주란은 한국말에 서툴기도 했지만 어디에 제 마음을 두어야 할지 몰라 서성대는 사람이었다. 말이 통하지 않아도 어떤 일이든 함께하면 괜찮지 않을까, 주방 일을 조금씩 맡기면서 음식 조리법을 배우게 했다. 어느 날부터 주방에 먼저 나와 날 기다려주고 음식재료를 다듬고 맛보면서 조금씩 어울리는 즐거움을 알아간다. 늦은 저녁에 청바지를 들고 와 줄여달라는 몸짓을 하길래 손바느질로 대충 줄여 입혔다. 눈알 맑아지도록 웃어 보이는 게 이젠 좀 덜 외롭겠구나, 덜 서럽겠구나, 안쓰러운 마음을 쓸어내렸다.

넷. 가출1(교사)

기숙사 사감 쌤으로 3주 무빙일정을 함께하던 은미쌤이 화가 잔뜩 났다. 아이들과의 의견충돌, 때때로 시건방진 것도 모자라 제멋대로인 아이들에게 한 방 먹이고자 무빙스쿨 밖으로 가출을 했다. 며칠 만에 살그머니 내 방으로 돌아와 남도를 한 바퀴 돈 얘기를 무심하게 털어놓고 아무렇지 않게 아이들과 합류했다. 쌤이나 아이들이나 품어 안아야지 어쩌겠나 하면서 쌤만의 당당한 용기에도 축배를 들었다.

지리산처럼 깊고 너른 품이 되도록 날 키워준
건 간디 아이들이다. 떠난 아이들도 제자리를
지키고 있는 아이들도 내겐 삶의 스승이고 눈
물 나도록 그리워할 사람들이다.

🌱 다섯. 가출2(여학생)

한 아이가 없어졌다. 오후 내내 보이지 않는다고 온 식구들이 찾아 나섰다. 함께하는 아이들과 여러 차례 감정싸움이 있었다 하여 걱정되는 마음이 더욱 컸다. 학교 밖을 나선 것 같지는 않아 몸 숨길 만한 빈 구석을 살펴보다가 농부님들 낮잠 방 한 구석에 잠들어 있는 아이를 보았다. 조용히 데리고 나와 내 방에 재우고 도닥거리며 얘기를 들어준다. 어른이든 아이든 감정 정돈하기는 쉽지 않겠기에 따돌림 또한 받아들여야 하는 것인가. 학교로 돌아온 뒤, 그 아이는 결국 학교를 나갔다.

🌱 여섯. 빨래

세탁실이 따로 없고 운동장 한켠에 놓인 세탁기 한 대가 아이들의 빨랫감을 책임지고 있었다. 순서를 기다리며 세탁기 앞에 널브러져 있던 옷가지들이 비오는 날이 되면 썩는 냄새가 난다. 잠깐 비 그친 새에 비 맞은 빨래들을 전부 집어넣고 세탁을 했다. 다음날, 색깔별 요일별 빨래하는 게 다른데 누군가 한꺼번에, 함부로 빨래를 했다는 이유로 아이들은 오랜 시간 회의를 했다 하고, 내게 따지러 왔다. 해주고도 욕 먹은 엄마 땜에 내 아이들은 말없이 울었다. 무심하게 보고, 스치듯 지나가야 할 일이 많다는 걸, 잘못 없는 것 같은 일에 욕 실컷 얻어듣고 아이들 울리고서야, 간디 1년차 부모인 나는 알게 되었다.

서글프도록 시린 달빛 걸려 있는 지리산 자락을 바라보며 앉아 있다. 지리산처럼 깊고 너른 품이 되도록 날 키워준 건 간디 아이들이다. 떠난 아이들도 제자리를 지키고 있는 아이들도 내겐 삶의 스승이고 눈물 나도록 그리워할 사람들이다. 자본의 위력 앞에 묶이지 않는 자유를 찾아가듯, 한데 엉켜 뒹구는 무빙스쿨의 밥순이로 나는 간디를 먼저 사랑하게 되었다.

아이마다 졸업장이 달라요

김금희(3학년 성혁맘)

말하자면 이런 것이었다. 처음의 내 느낌이나 생각이란 것이. 열네 살 꼬맹이를 제천 산골짝 허름한 학교에 두고 오면서도 안쓰러워하기보다 흐뭇해하는 것. 적어도 나는 재단하듯 획일화된 공교육에서 내 아이를 구출해낸(?) 꽤나 괜찮은 부모가 되었다고 스스로를 대견해하는 것. 입학 후 가끔 학교를 방문할 때면, 시간이 멈춘 듯한 분위기에 취해 휴식을 얻고, 시간을 거슬러 과거 어딘가에 나를 두고 행복해하는 것. 운동장에서 어슬렁대는 아이를 바라보며 지금 저 아이는 자유롭고 행복한 청소년기를 보내고 있다고 단정짓는 것. 대충 이정도로 나는 대안교육의 언저리에 머물러 있었던 것 같다.

그런데 한 학기가 지나고, 한 학년이 지나 시간이 흐를수록 서서히 혼란스러워지기 시작했다. 교과 발표회나 기말축제 같은 행사 때는 뭔가를 열심히 하는 듯하지만, 막상 방학 때 집에 오면 긴긴 겨울잠을 자는 아이의 모습이 마치 바이올린 켜는 것조차 귀찮아하는 한여름 베짱이와 같았다. 그런 아이를 보면서 '도대체 언제 자랄 계획인 거지?' 하는 조급함이 생기기 시작했다. 왜냐하면 나의 눈에 비치는 아이는 가끔 지나치게 무기력해 보이고, 세상을 살아내기에 턱없이 부족한 듯도 싶고, 아니면 너무 제멋대로였으니까.

물론 지금은, 그 시간들이 아이에게도 나에게도 살아오면서 묶여야 했던 것들로부터 서서히 풀려 나오는 시간이었음을 안다. 남의 눈에 보여지는 내 모습에 긴장하고, 남보다 조금은 더 있어 보여야 하고, 남보다 조금이라도 더 앞서가야 잘사는 것이란 관념의 끈을 서서히 놓아가는 시간들. 그런 시간들이 지난 후에야 비로소 아이는 자기가 하고 싶은 것들이 있고, 잘할 수 있는 것이 많다는 것을 발견해내기 시작했다. 이런 것들이 어떻게 가능했을까.

무엇보다 가장 큰 힘은 한결같은 시선으로 아이를 바라보며 기다려주는 쌤들이 곁에 있었다는 것이다. 자발적 가난을 선택하며 아이들보다 먼저 자유로운 삶을 받아들인 쌤들은 무기력하거나 방향을 모르던 그들을 끝없이 기다려주었다. 그러다 어느 순간 아이가 어떤 것에 반응하고 관심을 갖기 시작하면 기다렸다는 듯이 지지해주었다. 그것도 개별화된 맞춤형 지지를 보내주는 것이다.

우리 아이의 경우, 중등과정 때 수화수업을 신청해 듣다가 고급과정에 혼자 남아 결국 수업이 없어지는 일이 있었다. 그러나 수화를 계속 배우고 싶어하는 아이에게 쌤들은 개인 프로젝트로 진행할 수 있도록 방법을 제시해주었다. 그것이 계기가 되어 아이는 졸업 후에도 1년간 수화를 더 배워 청각장애를 가진 친구들과 건청인이 함께하는 모임을 만들게 되었다.

뿐만 아니라 사진수업의 경우도 심화반에 두 명밖에 남지 않았음에도 불구하고 수업을 계속 진행해주어 사진 역시 졸업 후 지금까지도 유용하게 쓰이는 특기가 되었다. 모두가 같은 시간에 같은 교실에서 같은 수업을 듣는 것이 배움의 전부인 환경이었다면 불가능했을 일들이다.

쌤들의 이와 같은 관심과 노력은 학업 측면에서만 드러나는 것은 아니었다. 부모가 곁에 없는 환경에서도 아이들은 공동체 속에서 혼자 고립되거나 자신 안에 갇히는 일이 없었다. 답답하거나 힘들 때 대화상대가 되어주는 쌤들 그리고 친형제와 같은 선배들 모두가 함께 고민하고 함께 답을 찾아가는 모습은 부모인 내가 아이를 부러워할 정도로 믿음직한 부분이었다. 가끔은 불쑥 교장쌤 방에 찾아가 쌤이 끓여주는 차를 마시고 앉았다 나오곤 했다는 아이의 이야기를 들으면 허물없고 막힘없는 자유로운 녀석의 일상이 짐작되기도 하였다.

모든 쌤들은 학년이나 반 구분 없이 전교생의 얼굴과 이름 그리고 성격, 심지어는 좋아하는 것과 싫어하는 것까지 전부 알고 있다. 아무리 기숙사 생활이라지만 쌤들이 엄마인 나보다 아이의 내면까지도 더 잘 알게 되는 것은 단순히 많은 시간을 함께하기에 가능한 것만은 아니다. 마음으로 다가가 관심을 갖고, 마음을 터놓을 때만이 전해지는 특별함이 보호자인 부모가 없는 그곳에 있었던 것이다.

상황이 이렇다 보니 쌤에게 아이의 근황에 대해 물어봐야 간신히 아

아이마다 졸업장이 달라요

아이를 품에서 내어놓는 방법, 아이와 적당한
거리를 두고 기다려주는 방법, 나와는 다른
문화를 가진 아이를 있는 그대로 인정해주는
방법 등을 간디에서 배웠다.

이와 이야깃거리라도 건질 수 있게 되는 경우도 허다했다. "다빈이는 주변에서 모두 착하다는 이야기를 많이 하는데, 정작 본인은 착하지 않다는 것을 알기 때문에 힘들다고 하네요. 요즘 치열하게 스스로를 들여다보고 있답니다."라는 말을 듣기도 하고, 주방 쌤들이 먼저 아이의 일상, 달라진 말투, 최근 패션, 식성, 컨디션 등에 관한 이야기들을 뉴스처럼 전해주기도 한다. 우리 아이가 얼마나 자랐고 얼마나 멋있어졌는지를 들려주는 목소리에서는 떨림에 가까운 사랑도 전해져 온다.

위가 약한 아이가 속이 아파 힘들어하자 한 달 동안 흰죽을 쑤어 먹이며 속을 달래주고, 사감쌤은 아픈 아이 혼자 재울 수 없어 함께 데리고 자면서 엄마가 되어주기도 했다는 이야기들을 들을 때면 그저 막연하게 잘 먹고 잘 놀고 있으려니 했던 나의 무심함에 속으로 '나, 엄마 맞나?' 하며 부끄러워하곤 했다.

하기야 처음 입학할 때 이렇게 되고 말리란 것을 미리 눈치챘어야 했다. 간디학교 입학식에서는 신입생을 환영하는 시간에 부모를 같이 입장시키며 요란하게 맞이해준다. 그 환호성이 당시로서는 '학부모님 반가워요'인 줄 알았는데, 큰 착각이었다. 아이를 품에서 내어놓는 방법, 아이와 적당한 거리를 두고 기다려주는 방법, 나와는 다른 문화를 가진 아이를 있는 그대로 인정해주는 방법 등을 간디에서 배웠다. 같이 들뜨고, 같이 풀어져도 보고, 시행착오를 반복해보고, 치열하게 고민해보고서야 비로소 자유로워졌다. 그리고 비워낸 가슴에 다시 하나하나 내 것들을 담아가는 것. 이 모든 것들을 학교를 통해 배웠으니 나도 수업료 안 내는 신입생이었던 셈이다.

아이마다 졸업장이 달라요

이제 아이가 졸업한 지 3년이 지났다. 정말 감동적이던 그 졸업식이 벌써 그렇게 오래전의 일이 되었다. 한번 시작하면 아무리 짧아도 세 시간은 걸리는 졸업식. 길 떠나는 아이들 한 명 한 명마다 정성껏 신발 끈을 매주는 듯한 그 시간은 한 편의 영화보다 감동적이다. 아이들의 지난 6년간 삶을 한 번 되짚어보는 그 자리에서는 아이가 6년 동안 살아낸 시간들이 인정받고, 그 시간 속에 서로 보여주었던 모습들을 함께 나누며 추억의 주머니에 담는다.

그곳에서 난 아이가 무엇을 누리며 살았는지 명확히 보았다. 자기만의 속도와 시각으로 바라보고 느끼는 것이 가능한 세상. 내 눈에는 보이지 않지만 분명히 존재하여 너의 눈에는 보이는 것. 그래서 내가 살고 있는 세상도, 네가 살고 있는 세상도 다 진짜 세상임을 아는 것. 그런 다름이 인정받는 세상. 그 안에서 아름답게 자라나 열네 살의 꼬마가 아름다운 청춘이 되어 길 떠나는 것. 그 순간이 바로 졸업식인 것이다.

그 길을 떠날 때 우리 아이들의 손에 주어지는 졸업장. 거기에 적혀 있는 글귀는 아이마다 모두 다르다. 어찌 보면 너무도 당연한 일이다. 6년 동안 각자 살아낸 모습이 다르고, 교문을 나서 길을 떠나면 또 걸어가야 할 길들이 모두 다르니까 말이다. 그 축하의 메시지가 감동적인 것은 아이를 정말 잘 알지 않고는 쓸 수 없는 글들. 아이를 정말로 사랑하지 않으면 해줄 수 없는 말들이 적혀 있기 때문이다. 그리고 지금 우리의 아이들은 졸업장에 쓰인 그 모습들대로 살고 있다. 다른 곳에서는 볼 수 없는 나만의 졸업장을 들고 간디를 떠나온 우리 아이들은 그날부터 다시 진정한 간디인이 되어 있다.

　우리 집 서재에 있는 작은 액자. 거기에는 이렇게 모두의 기도와 같은 글이 적혀 있다. 그것은 우리 아이의 졸업장이다.

졸업장

이다빈

　당신은 따스한 연기가 폴폴 피어오르는 돌집입니다.

　구들이 되어 다른 이들에게 온기를 전하고 멍석이 되어 사람들을 편히 쉬게 하며, 흙벽이 되어 온기를 품어주니 당신은 진정 돌집과 닮았습니다. 아가들을 돌보며 아가의 순수함을 닮고 어려운 이들에게 미소가 되는 당신은 아름답고 당당한 모습으로 세상과 마주할 것입니다.

2010.12.11.

아이마다 졸업장이 달라요

동아리에서
사랑과 공감을 배우다

양승봉 (4학년 성민빠)

제천간디학교의 동아리는 어떤 모습일까? 여느 학교의 동아리 폼새에 비하면 이제 열 살을 맞는 간디동아리의 모습은 더없이 어리고 빈티 난다. 시설, 장비, 수준이 참으로 어설프고 투박하고 변변치 못하다. 제도적·재정적 지원과 자원이 빈약하다 못해서 전무하다. 그러니 이런 척박한 광야에서 무슨 동아리 활동이 있겠나 싶다. 그러나 전혀 그렇지 않다. 오히려 풍성하고 활발하다 못해 북적대고 바쁘다. 겉모습이 다가 아니다. 어설픔과 투박함은 창조적 도전과 개성 발현 과정에서 나오는 멋이요, 변변치 못함은 길들여지지 않고 길을 만드는 자기계발의 맛이 아닐 수 없다. 동아리의 멋은 제멋대로가 핵심이다. 자신이 하고 싶은 짓을 자유롭게 선택해서 미친 듯이 제멋대로 해보는 것이 동아리의 본질이고 매력이다. 몸으로 맘으로 부딪치며 움직이고 소리친다. 그렇게 '지랄발광'을 해봐야 '자체발광'으로 다듬어지는 참멋이 드러난다.

제천간디의 동아리는 정식으로 등록된 동아리만 약 20여 개에 이른다. 아이들마다 주된 관심과 활동을 하는 동아리가 있지만 대개 한 사람이 3개 내외의 동아리에 가입하고 활동한다. 활동내용의 특성을 나누어보면 스포츠, 문화, 예술, 공연, 생산, 유통, 봉사 등 다양하다. 그러나 이런 일반적인 구분은 나중에 억지로 분류한 것이다. 아이들의 동아리 결성과 선택에는 이런 구분이 없다.

'동아리' 하면 처음 접하는 것이 '이름'의 신선함이다. 몇 가지 예를 들면, 내일은 2M(농구), 쌕끈다리(축구), 빨간비디오(영상제작), 지락(밴드 및 공연, 문화 기획), 다섯손가락(핑거스타일 어쿠스틱 기타연주), 여우하품(연극), 카페인(드립커피), 어깨동무(봉사) 등등 아이들은 자신들의 창조적인 아이디어와 의미를 담아 이름을 짓고 활동한다.

누구나 관심과 열정만 있으면 동아리를 만들어 모집하고 활동할 수 있다. 일단 금지는 없다. 교사들의 관여도 없다. '지저분한데 청소 좀 하면 어때?' 정도! 그것도 맘 내키면 한다. 하라고 해서 그대로 할 아이들도 아니다. 교사들도 자신이 관심 갖는 분야에 나름대로 역할을 가지고 아이들과 함께하기는 하지만 동아리의 주인은 아이들이다. 네 명 이상의 동아리 회원이 있어야 학교에서 행정상 정식으로 동아리 인정을 하지만 물론 상관하지 않는다. 동아리를 위한 동아리가 아니라 하고 싶은 짓을 하기 위한 동아리다.

동아리마다 모임의 형태도 다양하다. 주 1회 정기모임과 회의를 갖

동아리에서 사랑과 공감을 배우다

는가 하면 어느 동아리는 목표에 따라 활동방향이 정해지기도 한다. 예술, 문화, 공연기획 등의 활동내용을 특성으로 하는 동아리는 학교의 '축제'와 '록페스티벌' 같은 무대의 공연을 목표로 모임의 방향과 내용이 집중된다. 어떤 동아리는 수익과 겸해서 활동이 전개된다. 주문이 들어오면 활동이 활발해진다. 친환경재료를 중심으로 빵, 잼, 커피, 효소 등을 생산해 학교에 납품하기도 하고 축제 때 판매하기도 하면서 생산과 유통으로 경제활동의 기초를 쌓고 배운다. 그런가 하면 어떤 동아리는 그런 공연과 북적함을 싫어한다. 그냥 삶이 동아리 활동인 동아리도 있다. 틈만 나면 그저 여기저기 모여앉아 연습하고 즐긴다. 엉덩이 붙이고 손가락 놀리며 제 기분에 빠지면 그만이다. 그런 선배를 옆에서 보고 멋있다고 따라한다. 미친 듯이 부러워하고 죽어라 연습하고 또 연습한다. 제 혼자 그렇게 좋다 한다. 그리고 어느 순간 선후배가 같이 기타합주로 무대에 선다. 그리고 또 사라진다. 벤치로 뒤뜰로 나무 밑으로 앉는다. 기타 하나 들고 둘러앉아 그렇게 동아리가 움직인다.

물론, 특별한 지도나 전문가가 있는 것이 아니다. 아이들 스스로 책으로, 동영상으로, 인터넷으로, 알음알음 방학 때 수소문해서 갈고 닦아 함께 연구하고 고민해서 길을 찾아간다. 어느 동아리나 형편과 바탕은 마찬가지다. 순수하게 아이들의 관심과 선택 그리고 자유와 열정으로 태어나고 움직인다. 비싸고 좋은 재료를 가져다 레시피를 따라 만들어낸 요리집 음식이 아니다. 산과 들에서 기르고 갓 뜯어 지은 시골밥상처럼 변변치 않고 투박하고 어설픈 음식이다. 그런데 건강하다. 살아 있다. 제 손으로 땅을 파고 기르고 만든 제 몸짓의 맛과 멋이다. 아이들 자신에게서 출발한 제멋대로의 관심과 열정 그리고 자유와 선택은 늘 함께 따라다니며 사랑과 자발성으로 이어지고 성장하며 다듬어진다.

어쩌면 동아리의 핵심은 '활동'이다. 그런데 깊이 들여다보면 사실 '활동'보다 '사람'이 먼저다! 사람이 동아리인 것이다. 제천간디에서 선후배가 자연스럽게 만날 수 있는 구조는 두 가지다. 바로 기숙사와 동아리. 선후배 만남의 자연스런 소통, 거기에 학교생활의 또 다른 만남과 재미가 있다. 선후배간의 개인적인 사귐과 공감대도 여기에서 경험하게 된다. 선배의 따끔한 가르침도 있고, 후배의 치열한 배움도 있고, 함께 만드는 교감도 있고, 성공과 실패의 재미도 있다. 그래서 제천간디 동아리는 바로 사람이다. 관계다. 그래서 사랑이고 공동체다.

동아리마다 다르지만 대개 동아리 활동의 절정은 축제 때 피어난다. 공연 무대는 동아리 활동의 알짬을 담아낸다. 축제의 기획과 리허설, 공연에 이르기까지 모두 아이들의 아이디어와 몸짓으로 꾸며진다. 무대와 조명 음향이 아이들 손에서 어우러진다. '경당'(전통무예)의 칼끝이 지푸라기 기둥을 날카롭게 베어낸다. 힙합 리듬을 타며 '미지정'(방송댄스)이 한 몸으로 흥겹게 발을 구른다. '늘품'(사진)과 '빨간비디오'(영상제작)는 사진전시와 함께 연신 플래시를 터뜨린다. '지락'(밴드)의 드럼과 베이스가 심장을 두드리고 기타와 보컬은 고막을 시원하게 자극한다. '펄오케스트라'와 '다섯손가락'이 아름다운 선율로 귀를 달래주고 나면 '여우하품'이 웃음과 감동으로 메시지를 전한다. 솔

동아리에서 사랑과 공감을 배우다

아이들 자신에게서 출발한 제멋대로의 관심
과 열정 그리고 자유와 선택은 늘 함께 따라
다니며 사랑과 자발성으로 이어지고 성장하
며 다듬어진다.

뫼바람(풍물)의 신나는 사물가락을 따라 전체가 어우러지며 흥겨움이 절정을 달린다. 중·고등과정 아이들의 실력과 수준을 넘어서서 하나의 대학축제를 보는 듯한 착각과 분위기에 젖는다. 자유와 여유가 넘실대고 무대는 흥겨움과 정겨움이 넘쳐난다.

그런데 본질은 무대와 조명의 화려함이 아니다. '공연'을 얼마나 잘하느냐가 아니라 '누가' 하느냐에 있다. 어제는 낯을 가리며 '조용하던 그 아이'가 오늘 '춤을 함께 추며 웃는 아이'로 바뀌어 있다. 어제는 싸우며 '으르렁대던 아이들'이 오늘은 '한 팀이 되어 손을 잡은 아이들'로 변해 있다. 살아 있고 감정이 있고 색깔과 개성이 있다. 무엇을 하는지도 중요하지만 사실 누가 하느냐가 더 중요하다. 사람과 삶이 있고 거기에 사랑이 싹튼다. 선후배 동기끼리의 만남에서 관계가 형성되고 자연스럽게 서로 배려하고 더불어 가는 공동체가 다듬어진다.

역사가 사람을 만들기도 하지만 사람이 역사를 만들기도 하듯 동아리의 흥망성쇠에서 사람은 중요하다. 선배, 후배, 교사가 그 사람들이다. 우선 동아리의 역사는 사자성어로 이어진다. '유유상종! 대동단결! 사생결단!' 관심을 따라 아이들이 동아리를 자유롭게 선택하고 모인다. 그리고 선후배 동기간에 열정과 사랑으로 끈끈하게 뭉쳐 움직인다. 마지막으로 그 동아리 활동에 미친 한 사람이 동아리의 흥망성쇠를 좌우한다. 얼마나 자발적인 열정이 남다른가에 따라, 그런 사람이 얼마나 있느냐에 따라 그 동아리의 생명력과 역사는 그만큼 보장된다. 열정 넘치는 선배가 있고, 그 선배가 어느 정도의 전문성과 체계를 갖추면 더할 나위가 없다.

동아리에서 사랑과 공감을 배우다

다음은 후배다. 선배 열정에 버금가는 후배 하나가 그 맥을 잇지 못하면 그 동아리는 위험하다. 한 사람이 아닌 후배 학년들이 영향을 끼치기도 한다. 학년 아이들의 분위기에 따라 유행하는 동아리가 있어서 그 해에 어떤 학년이 어떻게 움직이느냐에 따라 동아리 흥망이 좌우되기도 한다.

마지막으로 교사의 영향이다. 교사의 개인적인 관심과 열정, 경험에 따라 동아리 활동의 체계적인 부분과 전문성에 영향을 미친다. 활동의 정보, 방향, 연계 등을 제시하는 것만으로도 아이들의 관심과 배움의 욕구를 한층 더 풍성하게 한다. 그것이 다듬어져 나름대로 동아리 활동의 기본과 체계를 갖추게 되면, 다음 후배들의 활동을 자연스럽게 연결하는 밑바탕이 된다. 이처럼 동아리 활동에 열정을 지닌 선배, 후배(학년), 교사의 존재와 영향에 따라 어떤 동아리는 없어지기도 하고 다시 부활하기도 하며 잘 나가는 시절을 거치는가 하면 또 내리막길을 가기도 한다.

동아리를 운영하고 활동하는 방식은 기본적으로 학교의 수업방식과 관련이 있다. 다만 차이가 있다면 수업은 원하는 학생이 있어도 학생 마음대로 들어오고 나갈 수 없다는 것이고, 동아리는 원하는 사람이 들어오도록 허락할 수 있다는 것이다.

간디의 수업방식은 대부분 비슷하다. 주제에 대해 스스로 고민하고 자율적으로 배워가며 협력하고 스스로 창조적으로 준비하고 만들며 찾아가야 한다. 답이 주어진 것이 아니므로 찾아가고 만들어가는 과정이 중요하다. 그 가운데 서로를 알아가고 서로의 생각과 노력을 공유해야 한다. 배우고 가르치는 것이 따로 있지 않고 관계 속에서 함께 어우러진다. 이런 방식은 학년을 거치면서 학교수업 내내 내용과 함께 익혀야 하는 또 다른 공부방법이고 공부의 본질이기도 하다. 그런 수업방식은 동아리 활동에서도 그대로 적용된다.

그렇다고 특정한 전문가나 교사가 이끌어가는 것도 아니다. 교사가 어떻게 하란다고 하지도 않고 교사도 이래라저래라 하지 않는다. 특별하게 도움을 요청하거나 구하지 않으면 사소한 간섭도 없다. 도움을 요청해도 해달라는 대로 순순히 돕지도 않는다. 그야말로 자발성과 자율성을 위한 독립적 분위기는 공기와도 같다. 스스로 느끼고 생각하고 선택하고 결정하고 움직이는 길뿐이다. 그렇다고 맘대로 할 수 있는 것도 아니다. 그렇게 독립적인 다른 사람이 옆에 있기 때문이다. 다른 누군가와 함께하는 나름대로의 규율을 스스로 터득하고 만들고 지켜야 한다. 어쩌면 동아리야말로 아이들 스스로 배우며 자신을 알아가는 선택과 결정권의 결정체라 할 수 있다. 그래서 더 본질적인 배움이지 싶다.

'사랑과 자발성'이라는 제천간디의 교육철학은 교육목표와 과정 안에 구체적으로 연결되어 있다. 교육과정에서 아이들은 자신을 찾고 알아가며 서로 만나고 함께 다듬어간다. 그런가 하면 '열정과 자유'라는 또 다른 차원에서 교육의 메아리가 있다. 배움에서 자신을 찾기도 하지만 자신을 찾아가는 스스로의 배움이 그것이다. 간디의 교육철학과 동아리의 본질이 서로 울림이 되고 메아리가 되는 것이다. 아이들은 이미 자신 안에 있는 그 무엇인가를 찾아 표현하고 표출하며 스스

동아리에서 사랑과 공감을 배우다

로 배움의 길을 찾고 만들어가며 외치고 있다. 현재의 대안교육의 가치와 철학의 울림은 아직 미약하다. 또한 그 속에서 직접 몸으로 체득하며 배운 우리 아이들의 울림도 작다. 그러나 작은 두 울림이 계속해서 서로 마주한다면 적어도 세상이 잠들지 않도록 깨우는 깨끗하고 맑고 상쾌한 메아리가 될 것을 확신한다.

아이 덕분에 변하는 부모의 삶

김종원(5학년 진규빠)

천년 풍파에 눌리고 다져지고 쪼개지고 깎여 마침내 어느 해변에 끝도 없이 던져졌을 돌멩이 하나가 30여 년 전부터 내 작은 상자 속에 담겨 있습니다. 왜 가져왔을까? 모양이 그리 특별나지도 않고 예쁜 것도 아닌 평범하기 짝이 없는 그것을 왜 가져다 놓았을까. 기억의 끝자락에 아무리 매달려 보아도 터럭만큼의 회상도 되지 않는 작은 돌 하나에 마음씀이 이토록 간절한지 모르겠습니다.

🌱 돌멩이 하나

　　　　　　사랑할 땐 사랑해야 하고, 가슴 아픈 이별일 때 흐느껴야 하고, 좋은 걸 좋다 하고, 맛있는 것을 보았을 때 입안에 고이는 군침. 힘들어 지쳐갈 때 잠깐의 휴식, 내일이라는 단어에 희망을 품고 먼 미래에서의 웃음이 아니라 지금 이곳에서의 엷은 미소를 더 소중하게 생각하기에 아이에게도 그 미소 그대로 던져주려 합니다.

진달래, 개나리, 철쭉, 벚꽃, 연산홍, 아카시아, 봄에서부터 화살처럼 빠르게 피어나는 꽃들 속에서 우리 부부의 시선은 넝쿨장미로 향합니다. 사람의 눈에 따라 붉게도 검붉게도 석양의 빛으로, 핏빛으로도 보이겠죠. 오늘은 이만큼의 감정으로 다가왔다가 내일은 까맣게 잊어버린 어제의 감정을 덮어쓰고 우울할 수도 더 밝을 수도 있겠죠.

세상을 바라보는 감정이 오늘과 내일에서 다르듯 아이를 바라보는 감정은 하루가 멀다 하고 바뀌는 것이 인지상정이 아닐까 합니다. 그 속에서 우리 부부의 생각의 궤적을 있는 그대로의 '자연'으로 이야기하고 싶습니다

🌱 돌멩이 둘

간디학교는 버리라 합니다. 아이에게서 교육이란 허울 좋은 끈과 부모의 욕심과 어린아이처럼 대하는 마음을 버리라 합니다. TV를 버리고 온갖 휘황찬란한 문명의 이기를 버리라 합니다. 내 아이만은 다를 것이라는 생각도 버리라 합니다. 간디는 내려놓으라 합니다. 사회적 성공을 내려놓고 올곧은 마음과 주변의 사람을 생각하는 사람이 되기를 이야기합니다.

간디는 함께하라 합니다. 혼자 가는 길보다 여럿이 함께 가는 공동체를 꿈꾸며 부모가 즐겁고 아이가 행복하며 쌤들의 보람된 삶을 이

야기합니다.

🌱 돌멩이 셋

간디에 아이를 보낸 첫해. 아내의 가방에 있던 작은 초콜릿 하나가 아이의 입속으로 사라졌다 합니다. 늘상 옆에 있던 과자 한 봉지, 아이스크림 하나, 초콜릿 한쪽 좋아하지 않던 녀석은 언제 그랬냐는 듯 제 어미 입속의 것이라도 받아먹었을 테죠. 인스턴트 음식과 공장제 음식보다는 자연의 먹거리에서 즐거움을 찾는 간디에서는 작은 규율조차 아이들이 만들어갑니다. 누군가는 박스째 배달을 하고 간간이 찾아가는 학교에서 지금도 보이지 않게 손에 쥐어주겠죠. 은밀하게 혹은 대놓고 방학 동안이면 검정고시 문제집과 사회적인 약자일 수밖에 없는 '대안교육을 받는 아이들'을 걱정하겠죠.

🌱 돌멩이 넷

지금 생각해보면 참 터무니없는 욕심을 부리지 않았나 싶습니다. 최소한 간디에서는 일어나지 않아야 하는 것 아닌가라고 많은 질문을 혼자 해댔던 순간들이 기억납니다. 대안교육의 한쪽을 자리매김하는 제천간디에서 어떻게 이런 일들이 일어날 수 있지? 작은 폭력(사람과 사람이 만나며 생기는 지극히 인간적인!!!)도 용납이 되지 않았고 그 속에 있는 쌤들의 태도도 마뜩지 않았고 공개적인 해결방안도 마련하지 않는 간디가 참 야속했던 순간들도 저학년 부모가 느끼는 현실이 아닐까 싶습니다. 천사들만 살고 있어

아이 덕분에 변하는 부모의 삶

야 하는 것 아닌가? 아니 처음부터 천사는 아니었어도 천사가 되어야 하는 것 아닌가? 하고 어줍잖은 기대를 했었다는 것이죠.

🌱 돌멩이 다섯

"학교에는 매뉴얼이 없어요? 선배들이 그 많은 행사를 치렀고 수많은 교육적 성과가 있을 텐데 왜 아이들은 처음부터 다시 시작하는 거죠?"

"조금 더 세련되게, 힘들이지 않고 할 수는 있을 겁니다. 하지만 그렇게 했을 때 결국 자기 것으로 만드는 아이는 흔치 않더라구요. 부모가 바라는 아이의 모습과 학교에서 바라보는 모습은 조금 다른 것 같아요!"

1, 2학년 때 물었던 질문과 답의 차이를 이제 5년차 학부모가 되니 조금은 이해할 수 있을 것 같습니다. 감사합니다.

🌱 돌멩이 여섯

혼자서 버스 한 번 지하철 한 번 제대로 타보지 않았던 열세 살짜리를 충북 덕산면 선고리 제천간디학교로 혼자 보내라 합니다. 참! 기가 막힐 노릇입니다. 그래도 그렇지 뭔 연습이라도 하든가 해야지 갑자기 저러면 어떡한다요.

말도 안 되는 일이라 생각할 수밖에 없었던 일. 물론 학교도 알고 있었겠죠. 그래 봐야 부모 손에 이끌려 올 것이 뻔하므로……. 하루가 가고 한 주와 한 달이 가고 한 해가 가고 두 해가 갈 즈음 간디 참 대단하다. 아이는 이미 부모가 생각하는 물리적인 거리와 방법의 개념을 자

간디는 함께하라 합니다. 혼자 가는 길보다
여럿이 함께 가는 공동체를 꿈꾸며 부모가
즐겁고 아이가 행복하며 쌤들의 보람된 삶을
이야기합니다.

연스레 뛰어넘고 있다는 것을 느끼게 하니……. '가면 되고 하면 되는 아이들'이 참 무섭습니다.

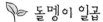 돌멩이 일곱

한 입으로 한 개의 말을 내뱉은 부모가 있습니다. 또 어떤 이는 일곱 개의 말을 하는 분도 있습니다. 반 개, 일점오 개, 세 개, 다섯 개…… 그네들이 모여 우리가 되고 다시 작은 낱낱으로 쪼개어집니다. 웃기는 말, 진지한 말, 격앙된 말, 숨소리 같은 말, 하나가 열의 의미를 갖기도 하고 열이 '없음'이 되기도 합니다. 입으로 내어놓는 말이 사람을 힘들게도 기쁘게도 합니다. 우리는 몇 개의 말을 쏟아내고 있습니까?

돌멩이 여덟

스무 살 1987년 6월 그리고 구로공단 을지로의 마찌꼬바, 사회운동, 정치, 군대, 90년대 초반, 긍정과 다양성의 부족, 옳다는 정의의 혼란, 떠나는 그들, 고졸의 삶. 단편적인 '내'가 됩니다.

열네 살 간디에 들어간 아이에게 '긍정'을 이야기합니다.

열다섯 아이에게 '다양성'을 물으라 합니다

열여섯 아이에겐 '구체성'에 대해 생각해보라 합니다.

그리고 지금은 똑같은 말을 돌려 막기 중.

🌿 돌멩이 아홉

　　　　　　　　　　고졸자로서의 삶은 두려움입니다. '자발적 가난'이란 말을 무지 싫어하는 저로서는 자발적 고졸의 삶도 녹록지 않음을 알고 있습니다. 얼추 대학을 다니다 중퇴하거나 중도에 간간이 동창회나 동아리 모임에 나가거나 그나마 연결되어 있는 대학 동창들을 만나는 그런 짝퉁 고졸 말고 학연과 지연, 혈연 관계가 전무한 이들의 삶이 고단하리라는 것을 뼈저리게 느낀 이들이 갖는 절망(?)감을 어쩌면 아이에게도 불현듯 표현하는 저를 봅니다. 행복하게 그러면서도 자신만만하게 "아이야, 너는 엄마 아빠처럼 행복하게 살았으면 한다"고 강변하기도 합니다. 테이블 다섯 개의 작은 주점을 하는 우리 부부에게 형식적으로나마 가장 듣기 좋은 은둔 고수라는 어느 손님의 이야기를 들으며, 그 찬사를 애처럼 즐거이, 그 말을 곱씹으며 그렇게 살고 있는지 모르겠습니다.

　간디 쌤들과 학부모, 그 주변 사람들 대부분은 대학이란 공간을 거친 이들.

　과연 아이들이 간디학교를 나와서 대학이란 공간을 거치지 않고 무엇을 할 수 있을까요? 저희는 힘들고 어렵고 때로는 좌절도 해야 한다는 것을 알지만 자신의 생각을 갖고 살아가는 이가 되기를, 정의가 무엇인지 이야기하고 깡통 머리가 아닌 머릿속에 생각을 갖는 아이가 되기를 간절히 바라봅니다. 대학이 수단이 되는 것이 아니라 필요에 의한 공간이란 것도 이야기합니다. 수없이 많은 문들 중 하나라는 당연한 말들도 말이죠.

아이 덕분에 변하는 부모의 삶

🌱 돌멩이 열

　　　　　　　　　새로운 단어들이 아닙니다. 유기농 먹거리, 공장제 축산이 아닌 지극히 정상적인 먹거리, 채식에 대한 생각, 올바른 먹거리.

　음식 만드는 일을 업으로 하는 우리에겐 끊임없이 고민해야 하는 일이기에 간디에서의 교육 한편으로 바른 먹거리의 강조는 더없이 좋은 일이겠죠. 생명, 환경, 공동체 등의 가치를 중요시 여기는 학교에서 저는 현실을 이야기합니다. NGO 룸펜이나 정치룸펜은 절대로 되지 말라고 주문합니다

🌱 돌멩이 열하나

　　　　　　　　　때로는 학교행사에 달려가고 싶었지만 학비를 벌기 위해 1년에 두세 번밖에는 가게를 쉬지 못했습니다. 쌤들과 많은 이야기를 하고도 싶었지만 나까지 짐이 되기는 싫었습니다. 아이가 학교생활을 힘들어했던 시기에도 더 다가가기보다 간디학교의 시스템을 믿는 것이 도리라 생각했습니다. 중고 통합 6년 대안학교란 이름으로 우리는 교육의 멍에를 아이들에게 씌우고 있지는 않습니까? 고작 6년의 시간 동안 완성된 아이들을 만들어 졸업하는 것보다 스물이 되고 서른 마흔 그들이 부모가 되고 늙어가는 그 시간 동안의 배움이 '대안'이란 이름으로 통칭되는 배움이 되어야겠죠.

　지금 우리들이 부모로서의 역할을 하며 대안적인 삶을 생각하듯 아이들도 작은 시간의 어느 지점에서 머물다 나아가겠죠. 간디학교에 보내고 아이에게서 손 놓기를 시작했다면 이제 다시 손을 잡으려 합

니다. 울며 보채지는 않았지만 그래도 두려웠을 꼬마에서 이제는 어엿하게 키도 훌쩍 크고, 목소리도 달라지고 생각의 숨결이 더 커져버린 아이의 손을 이제는 동반자로서 잡아야겠습니다.

무슨 무슨 교육이론이나 외국의 보기 좋은 교육모델이 아닌 2013년 5월 현재를 살아가는 나 그리고 너, 우리라는 이름을 갖고 향기 좋고 맛 좋고 몸에도 좋은 음식을 앞에 두고 농사작업장에서 똥 치우고 돼지 키우는 이야기를 들으며, 시커멓게 뙤약볕에 그을린 아이의 얼굴을 마주 대하며 긍정을 이야기하고 다양성을 서로 공유하며 구체적인 삶의 무엇을 서로에게 말하려 합니다. 부부가 먼저 행복해야 하고 아이와 함께 행복해야 하기에.

돌멩이 열둘

푸른 바다.
하얀 모래.
푸른 하늘.
하얀 구름.

이 모든 것들이 하나였고 나 또한 이 자연의 일부라는 사실과 인간이 처음 가질 수 있는 자연과 함께 사는 권리를 잊고 있었다는 것을 알게 되었다.

지나가는 사람들, 그들을 내가 모를지라도 그들이 나를 모를지라도 이곳에서는 인사하는 것이 당연한 것이고 서로 좋은 일 없어도 항상 웃어주

아이 덕분에 변하는 부모의 삶

는 사람들이 너무나도 좋았다.

　그곳에 있던 예술가들은 누구에게도 무엇에게도 배우지 않고 속박되지 않은 채 여러 사람들과 서로 나누고 즐기며 나에게 이런 말을 했다.

　"최초의 음악을 하는 자와 그림을 그리는 자는 누군가가 그에게 음악을 하는 법을 알려준 적도 그림을 그리는 법을 알려준 적도 없다"

　나는 그들에게서 많은 것들을 배웠고 많은 행복을 나누었다.

　지난해 가을에서 겨울 사이 필리핀의 오지마을을 돌며 봉사 및 체험활동을 하던 중 음악을 하는 공동체 마을에서의 감성을 가지고 와서 자신이 음악을 하겠노라고 선언을 했습니다. 필리핀 보고서를 내며 글의 말미에 위의 글을 쓴 아이. 수개월이 지났지만 저 글을 읽고 또 읽어봅니다. 지금 우리는 어느 감성의 줄을 타고 있나요?

　최근에 인연이 닿아 만나게 된 노교수님이 진규에게 음악적 감성의 깨달음과 음악을 대하는 마음의 자세를 차근히 말씀해주십니다. 그러다 "헛되고 헛되도다"라고 하시곤 음악을 멀리할 수도 있다고 농도 던져주시는 여유로움…… 함께하는 공감, 우리 음악의 뿌리……그 분의 삶과 음악입니다.

　제천간디학교.

　난 이곳이 참 좋습니다.

　때로는 생각이 다르고 행동이 달라도 시간이 흐를수록 오롯하게 서 있는 교육의 가치를 지키는 이곳에서 아이가 학교라는 공간을 떠나도 난 이곳을 좋아하겠지요!

기다림의 미학을
가르치는 아이들

송윤순(졸업생 운이맘)

2013년 6월 15일, 제천간디학교에서 졸업생과 학부모가 함께하는 MT행사가 있어 유쾌한 기분으로 달려갔다. 그날 졸업생들의 이야기와 음악이 어우러진 공연도 좋았고, 뒤이어 넓은 운동장에서 샘들과 학부모와 이젠 의젓한 성년이 된 아들 딸들과 함께한 뒤풀이도 다시 한 번 간디가족으로 끈끈한 정을 나누는 의미 있는 시간이었다.

그런데 뒤풀이 중간쯤 우리 봉사팀의 일원인 범수맘이 갑자기 옆에 다가와 '기다림의 미학을 가르치는 우리 아이들'이란 주제로 글을 좀 써달라는 제안을 해왔다. 글을 쓴다는 건 나와 상관없는 일로 여기며 지내왔기에 갑작스레 맡겨진 이 일이 순간 당황스럽고 부담되었지만, 또 다른 마음 한켠에선 그렇지 않아도 요즘 딸들과 진로 문제로 갈등을 겪고 있기에, 주제를 빌미로 아이들을 바라보는 나의 시각과 견해를 새롭게 정리해보기로 하였다.

돌이켜보니 우리 가족은 2004년도에 작은딸 운이가 제 이름처럼 운 좋게 간디학교에 입학을 하면서 간디와의 인연이 시작되었다. 이듬해 큰딸도 산청간디학교에 합격하는 연이은 행운을 맞이하면서 우리 가족은 온전히 간디인으로 거듭나게 되었다.

입학 후 두 아이는 각각 6년과 3년 동안 학교의 다양한 교육과정을 매우 만족하며 즐거운 학창시절을 보냈다. 그중 기억에 남는 것으로는 20여 일간의 대장정이었던 국토순례와 무빙스쿨을 통해 다녀왔던 소록도 봉사활동, 인턴 기간에 운이의 선택으로 소외층 아이들을 돌보았던 인도 생명누리 공동체 활동들이 떠오른다.(그 밖에도 다양한 체험을 통한 교육은 간디학교만의 큰 혜택이며 아이들의 성장에 좋은 영향을 많이 주었다.)

스스로 고백하지만 나는 간디 학부모가 되기 전에는 주체의식이 그리 뚜렷한 사람이 아니었다. 하지만 지금은 우리 아이들의 지성이 한 해 한 해 성장해 나가면서 부모인 나도 함께 성숙해짐을 느낄 수 있었다. 작은딸 입학 당시 자연 속 깊이 자리한 학교와 마을을 보며 아침에 새소리로 잠을 깨고 풀잎에 맺힌 이슬을 보며 밤하늘에 총총한 별들과 함께 사계절 자연을 온몸으로 느끼며 지내다가 졸업해도 아이들 인생에 자양분이 되리라 생각했다.

어느덧 스물두 살과 스물다섯 살이 된 딸들은 요즈음 또래들이 흔히 가지 않은 삶의 길을 선택해 나아가려 하고 있다. 그것을 지켜보는

1부 하나가 되려는 삶, 교육

엄마로서는 이러지 말아야지 하면서도 언제부턴가 불안감이 밀려드는 것을 부인할 수 없다.

번듯한 스펙과 안정된 직업을 갖춰야 성공한 사람으로 보아주는 사회적 통념과 대비되는 방향으로만 나아가려는 딸들에게 주변 사람들의 따가운 충고와 낯선 시선에서 난 사실 자유롭지 못했다.

그럴 때면 불쑥불쑥 솟아오르는 불안한 감정을 어쩌지 못하고 딸들에게 속물스런 잔소리를 할 때면 되려 간디 학부모답지 못한 행동하지 말라는 역공을 당하기도 한다. 그리고는 앞으로 걱정하지 말고 딸들을 믿어보라며 넌지시 너스레를 떠는 모습에 빈 웃음을 지을 때도 있다. 꿈꾸지 않으면 사는 게 아니라고 노래하고, 아무도 가지 않은 길을 당당히 나아가는 용기를 기른 우리 아이들이다.

성경 구절에 심은 대로 거두리라 하지 않았던가. 간디쌤들의 혼신을 다한 열정과, 아이들의 행복한 삶을 간절히 바라는 부모의 에너지를 먹고 자란 아이들이지 않던가. 다만 문제라면 딸들을 향한 나의 조급한 기대와 욕심이 도리어 족쇄가 될 수도 있다는 것을 알면서도 완전히 내려놓지 못하는 내 마음을 다스리는 쪽으로 열심히 내공을 쌓아야겠다. 그래야만 아이들이 세상을 향한 힘찬 날갯짓으로 멋진 비상을 할 수 있을 테니까.

이번에 학교 운동장에 서 있는 나무들이 어느새 커다란 거목으로 늠름한 자태를 뽐내며 학교와 함께하고 있는 모습이 새삼 눈에 들어왔다. 10여 년 전 그 나무들을 처음 보았던 기억이 떠오르며 미래의 우리 아이들도 언젠가는 저 나무들처럼 성향대로 자라 각자의 위치에서 사랑과 자발성으로 혼탁하고 이기적인 세상을 환하게 밝히리라

기다림의 미학을 가르치는 아이들

믿는다. 그날을 여유롭게 기다리는 것이 아이들이 우리에게 보내는
메시지가 아닐까.

뭐든 해봐,
정해진 길은 없는 거야

유현영 기자(5학년)

인터뷰 대상자 : 서한솔(03학번)

Q. 간단하게 자기소개 부탁드려요.

A. 제천간디학교 03학번 서한솔입니다. 평소 음악에 관심이 많았어요. 학교에서도 솔뫼바람, 간락연 등 음악 동아리에 가입해 활동을 많이 했습니다. 6학년 때 인턴십을 기회로 노리단과 인연이 되어 오디션을 보고 들어갔어요. 열아홉 살부터 3년간 일하다 군대를 다녀오고 올해 2월에 다시 노리단으로 복귀해서 지금까지 함께하고 있습니다. 6학년 인턴십 과정 때부터 1년을 통째로 노리단에서 지내게 되어 간디학교에서의 마지막 프로그램인 인문학 캠프 등은 생략하고, 제천간디학교 중·고등부가 통합된 후 1기로 졸업을 했습니다.

Q. 학생들이 진로에 대한 걱정을 많이 합니다. 혹시 그런 걱정해보았나요?

A. 걱정은 많이 했죠. 5, 6학년 때가 걱정이 가장 많을 시기잖아요. 자신의 진로에 대해 고민을 하는 게 나쁘진 않아요. 결국 그런 고민의 시간들이 나중엔 피가 되고 살이 되니까요. 하지만 너무 걱정만 하고 있는 것보다는 기회 닿는 대로 뭐라도 해보는 게 좋을 것 같아요. 저도 처음부터 노리단이 아니면 안 되겠다는 생각을 했던 것은 아니고 앞에서 말했듯이 인턴십 과정을 위해 장소를 선정하던 중 우연찮게 기회가 닿아서 오게 된 거거든요. 일단 하다보면 그 안에서 또 제 관심거리를 찾아 하고 싶은 것이 생기게 마련인 것 같아요. 그래서 너무 걱정하고 두려워하기보단 일단 뭐든지 시작해보는 게 좋을 것 같아요.

Q. 인턴십 과정 후에도 진로를 노리단으로 정하게 된 계기가 있나요?

A. 고등학생 때는 다들 하고 싶은 일은 정말 많아요. 음악도 하고 싶고, 춤, 연극도 하고 싶고요. 노리단에 계속 있었던 이유는 음악만 하는 게 아니라 가끔 춤도 추고 연극적인 것도 하고 또 워크숍을 하면서 여러 사람들도 만날 수 있어서인 것 같아요. 일하다 보면 행사 기획도 맡는 등 온갖 경험을 다 해요. 그렇다보니 이 일을 하면서 여러 가지 욕구를 골고루 충족시켰고 다양한 경험도 쌓을 수 있어 굉장히 매력적이었어요. 그리고 이런 이유들 때문에 계속 있고 싶다는 생각을 하게 되었어요.

Q. 노리단은 어떤 곳인가요? 주로 그곳에서 어떤 일을 맡아서 하나요?

A. 처음에 하자센터에서 시작했어요. 간단하게 말하자면 하자센터는

1부 하나가 되려는 삶, 교육

청년들의 일자리 창출을 위해 사회적 기업 등의 커뮤니티 비즈니스를 지원해주는 곳이에요. 노리단은 우리가 생각지 못한 여러 가지 재료들을 '업사이클'해 악기로 만들어서 국내외로 공연이나 워크숍 프로그램 등을 기획하는 문화·예술 분야의 사회적 기업입니다.

예전에는 노리단에서 공연 팀의 비중이 컸는데 요즘은 시대도 바뀌고 문화 분야에서도 판이 바뀌면서 공연이 많이 줄어들 수밖에 없었어요. 그 안에서 기획팀, 공연팀 등으로 나뉘는데 전 공연팀이라고 보면 돼요. 그냥 악기를 연주하고 무대에 서는 퍼포머라고 할 수 있습니다.

Q. 자신이 하는 '일'에 대해 어떻게 생각하나요?

A. "돈을 얼마 받냐"는 질문을 많이 받아요. 저는 사실 그걸 왜 물어보는지 모르겠어요. 물론 사회적 기준으로 보면 돈이 중요하긴 한데 만약 제가 돈을 벌 생각이었다면 노리단을 하지 않았을 것 같아요. 일에도 여러 가지 의미가 있잖아요. 저는 일도 좋고 노는 것도 좋고 공연하는 것도 좋은데, 그것들을 딱히 일이라고는 생각하지 않아요. 공연 하는 게 좋고 워크숍 하면 다른 사람들 만나서 같이 악기 만들고 프로그램 같이 하는 게 좋아요. 일이라고 정의를 내리기가 어렵네요. 저한테 이건 일이지만 한편으로는 일이 아닌 느낌이 들어요.

Q. 학교에서의 철학적인 배움이 사회에 나와서 적용 혹은 도움이 되는 것 같나요?

A. 이 질문에 대해서는 다른 졸업생들도 굉장히 많이 고민을 해요. 우리는 학교에서 배웠던 것들이 있는데 사회에 나와서 다른 생각을 가

진 사람들을 많이 만나니까 생태주의나 공동체주의 등에 대해 의견을 나누다 부딪치기도 하죠.

간디학교에서는 회의를 굉장히 많이 하잖아요. 가족회의며 기숙사 회의, 동아리 회의 등. 그런 회의들은 한 번 하면 몇 시간씩 하게 되는데 그 긴 시간 동안 주고받다 보면 어떤 주제를 남들과는 다르게 볼 수 있고 자기 생각을 분명히 이야기할 수 있는 힘이 생기는 것 같아요. 주장을 할 때에도 괜히 뻔한 얘기가 아닌 '나'의 이야기를 할 수 있고 진짜 중요한 게 뭔지 다시 한 번 생각해볼 수 있게 되는 거죠. 사회에 나왔을 때 그 배움들이 눈에 띄게 적용이 된다기보다는 자기 안에 남는 것 같아요. 물론 사회적인 분위기나 시선들 때문에 간디학교가 다 좋다고 얘기할 수는 없겠지만요.

Q. 사회생활에서 일반학교를 졸업한 사람과 대안학교를 졸업한 사람의 차이가 있나요?

A. 중요하게 생각하는 것이 다른 것 같아요. 간디학교는 뭐든지 함께 끌고 가야 한다는 공동체 의식이 강하잖아요. 사회에 나와서 그런 것 때문에도 부딪친 적이 있어요. 쉽게 노리단 공연 팀을 예로 들자면 천천히 해야 잘할 수 있는 단원이 있는데 그 단원을 어떻게 끌어갈 것이냐를 가지고 고민하는 거죠. 간디학교였으면 절대 낙오시키면 안 된다, 뭐든지 함께해야 한다고 얘기했을 텐데, 일반학교나 사회에서는 사실 그렇게까지 사람한테 신경을 쓰거나 배려를 해주지 않아요. 그런 부분에서는 약간의 차이가 있는 것 같아요.

그리고 본질적인 것에서 차이가 나죠. 누군가 잘못을 했으면 간디학교에서는 '왜' 잘못을 했을까 하는 방향으로 파고들었을 텐데, 사회 생활에서는 일단 '너 그러면 안 돼' 하는 선에서 끝난다는 차이가 있어요. 그 정도를 생각할 수 있느냐 마느냐인 것 같아요. 물론 안 그런 사람도 있겠지만 대부분 이런 상황들에서 차이가 좀 나요.

Q. 졸업하기 전에 사회에 나가서 어떻게 살고 싶은지 생각해본 적이 있나요?
A. 사실 고민은 많았는데 저는 그런 생각을 전혀 하지 않았어요. 지금 생각해보면 인턴십을 하든 뭘 하든 기회가 왔었어요. 누군가 "이거 해보지 않을래?", "이런 데 관심 있어?"라며 결정을 해야 할 순간이 왔을 때 특별히 앞뒤를 잰 적도 없어서 지금까지 올 수 있었던 것 같아요. 그냥 뭐라도 하니까 또 하고 싶은 게 생기고, 그게 끝나면 또 다른 하고 싶은 게 생기고…… 그냥 그렇게 계속 반복된 것 같아요. 음악을 하고 싶으면 머릿속으로는 지미 헨드릭스처럼 연주할 거야라고 계속 생각만 하는 것보다 꼭 기타를 연주하는 일이 아니더라도 어딘가 가서 무대 스태프라도 해보고 하면 또 다른 기회가 오고 그렇게 계속 움직이는 게 좋을 것 같아요.

Q. 사회생활을 하다보면 시행착오도 많이 겪고 힘든 일이 많죠. 학교가 그리웠던 적이 있나요?
A. 힘든 건 많아요. 열아홉 살 때부터 자취를 했으니까 벌써 4~5년차인데 큰일보다 사소한 것들이 힘들었어요. 집에 가면 기다리는 사람이 없어 들어갈 이유가 없다거나, 집밥 해먹고 싶은데 냉장고에는 물밖에 없고. 한번은 정말 배가 고파서 밥을 먹어야지 하고 카드를 긁었

는데 통장에 돈이 570원밖에 없었던 경우도 있었어요. 그래서 일단 굶고 집까지 걸어가서 집에 있는 것들로 겨우 끼니를 때웠죠, 하하.

공연하면서도 힘든 적 많았어요. 당연히 뭘 하든 다 힘들 거예요. 특별히 하고 싶은 일이 아니라면 그냥 적당히 할 수도 있겠지만 하고 싶은 일을 한다는 건 그렇지가 않아요. 사회는 마냥 하고 싶은 일만 할 수는 없는 거니까 하기 싫은 일도 꼭 하게 되죠. 그럴 때 돈도 안 되는데 이 일이 하기 싫어지면 많이 힘들고 학교가 가끔 생각나긴 해요. 솔직히 인턴십 때나 초반에는 학교 생각이 전혀 나지 않았어요. 하지만 졸업을 하고 나서 쌤들이 보고 싶거나 만나서 한 잔 하면서 이야기를 하고 싶어질 때가 생기네요.

Q. 사회인으로서 되돌아본 간디학교는 어떤 곳인가요?

A. 좋은 곳이죠. 쌤들도 좋고. 간디학교에 있었을 때가 제 인생의 전성기라고 할 수 있을 것 같아요. 가장 자유로울 수 있는 곳인 것 같아요. 쌤들은 우리 때문에 힘드셨겠지만……. 간디학교는 사회에 나와서 다른 누군가에게 관심을 가지고 또 다른 인재를 키워낼 수 있는 힘들을 키워주는 곳이에요. 아까도 말했듯이 회의를 하면서 또는 친구들과 기숙사 생활을 하면서 내 안에 무언가 쌓을 수 있는 곳이고 그리고 그런 것들이 사회에 나오면 분명히 도움이 돼요.

Q. 졸업 전 재학생들은 사회에 대한 두려움이 큽니다. 사회는 어떤 곳인가요?

A. 솔직히 저는 별 생각 없이 학교를 졸업했기 때문에 두려움을 크게 느끼지 않았어요. 하지만 사회는 학교와 정말 달라요. 일단 사회에서

는 무엇이든 혼자서 다 해야 해요. 힘들고 지쳐도 해야 하는 일이 있으면 끝까지 책임을 져야 하는 게 사회인 것 같아요. 저를 예로 들면 노리단에 들어온 지 1주일 만에 규모가 굉장히 큰 공연에 참여해야 했어요. 그리고 해외 공연도 갑자기 하게 되었는데, 실력은 아직 부족하고 공연 날짜는 며칠 남지 않았고. 그러면 일단 돈을 받고 하는 일이어서 프로처럼 보여야 하는데 이건 남이 해줄 수도 없는 거잖아요. 연습 때도 틀리면 저 때문에 전체가 연습을 한 번 더 해야 하는 일이 생기기도 해요.

사회는 스스로를 증명해내야 하고 맡은 일에 책임을 져야 하는 곳이에요. 그러다 보니 실수를 할 때에도 그냥 한 번 실수하는 게 아니라 이득이 되는 실수를 해야 돼요. 깨달음을 얻고 다음에는 어떻게 해야겠다는 자기 성찰을 할 수 있는 실수를 해야 하는 거죠. 알면서도 실수를 하는 그런 일은 있을 수가 없어요. 성장하는 실수를 해야죠. 그리고 사회에서는 어디를 가든 돈을 빼놓고 생각할 수가 없어요. 그러니 매사에 자신을 어필해야 하는 거죠. 전 그런 사회가 무섭다면 무서운 것이고 즐겁다면 즐길 수도 있는 것 같아요.

Q. 학교는 계속 변화하고 있습니다. 졸업생의 시선으로 봤을 때 지금의 학교는 어떤가요?

A. 솔직히 졸업 후에 학교를 자주 방문하거나 꾸준히 관심을 가지지는 못해서 어떤 일들이 일어나고 있는지는 잘 모르겠어요. 근데 지난번에 갔을 때 느낀 건 굉장히 조용해졌다는 거였어요. 제가 졸업한 지 오래되었고 나이가 들어서 그런진 모르겠는데 학생들이 착해 보이고

말도 참 잘 듣는 것 같았어요. 하하. 그런데 그때 아니면 사고를 칠 수도 없어요. 학교 안에서 일부러 여러 '일'들을 만들 필요도 있는 것 같아요. 그래야 배우는 것도 많거든요. 저희 학년은 아직도 오랜만에 만나면 그때 학교에서 사고치고 같이 몰려다니면서 놀았던 얘기들만 해요. 그런 게 다 추억이 되는 거죠.

Q. 지금도 기억나는 학교에서의 추억이 있나요?

A. 말할 수 없는 것들이 너무나 많죠! 가장 기억에 남는 게 있다면 도난 사건이 생겨나서 전교생이 이틀 밤새 회의하거나 '그분'의 고백을 기다리며 릴레이 단식을 했던 일들이에요. 근데 지금 생각해보면 우리가 뭐라고 그렇게까지 했나 싶기도 해요. 그때는 굉장히 심각했지만.

Q. 재학생들이나 이제 막 졸업한 학생들에게 선배로서 조언 부탁드려요.

A. 일단 학교를 졸업하면 학교에 가지 마세요. 왜냐하면 학교는 6년 동안 학생들을 감싸 안아주었으니까 졸업하고 나서도 학교에 의지하려는 경향이 있어요. 그런 의미에서 학교를 되돌아보며 그리워하지 않는 게 좋을 것 같아요. 그리고 아까도 계속 얘기했듯이 하고 싶은 것을 마냥 기다리기보다 자신에게 다가오는 기회를 잡았으면 해요. 혼자서 단정 짓지 말고 뭐라도 시작해서 고민하는 시간을 최대한 줄이는 게 좋아요. 결국 다 연결되어 있거든요. 하고 싶은 일이 없다고 나쁜 것도 아니고 조급하게 생각할 필요도 없어요. 다르게 생각해보면 여지를 많이 남겨놓았기 때문에 새로운 것들을 받아들일 수 있는 가능성이 더 높을 수도 있는 거잖아요. 여러 기회들이 오면 일단 부딪쳐

보는 게 중요한 것 같아요. 그리고 절대 밥을 굶지 마세요. 뭐라도 하면 밥은 안 굶을 수 있을 거예요.

Q. 앞으로는 어떤 일을 하며 지낼 계획이에요?

A. 특별히 계획이 있진 않아요. 굳이 말하자면 밥 안 굶고 내가 하고 싶은 일 하면서 짜증 안 내고 건강히 웃으면서 즐겁게 일하는 것이 계획이에요. 군대를 제대하면서 마음먹었던 건 더 이상 내 인생을 짜증 내거나 화내면서 시간 낭비 하지 말자였어요. 그래서 웃을 수 있는 일을 하자. 가장 큰 바람은 하고 싶은 일 하면서 밥도 안 굶고 싶어요. 뭘 하든지 배를 곯지 않는 게 중요한 것 같아요. ^^

2부

너와 내가 함께 서는 학교

간디정신을 배우고 실천하다

박후조(영양사,살림터)

우리가 평생 살면서 가장 많이 하며 사는 일이 무엇일까? 여러 가지가 있겠지만 그중에서 빠질 수 없는 하나는 먹고사는 문제가 아닐까? 인간은 태어나면서부터 죽을 때까지 생명 연장과 끊임없이 일어나는 식욕을 채우기 위해 많은 시간과 정성, 돈을 들여 먹는 문제와 관련하여 소비하게 된다. 먹고 사는 문제가 참으로 중요하다

간디학교에서는 자립교과로 음식, 목공, 옷만들기, 농사를 필수과목으로 이수해야 한다. 자립교과과목 중 음식 기초 수업을 하는 나로서는 먹고사는 이야기를 하지 않을 수가 없다. '음식 기초'라는 과목으로 아이들을 만난 지 5년째, 변변한 작업장 없이도 아이들은 요리하는 것을 좋아한다. 중등 2, 3학년 대상으로 하는 수업인데 내가 좋아하고 잘

할 수 있는 것을 가지고 아이들과 나눈다는 것은 나에게 큰 축복인 듯하다.

떡을 만들고, 유기농 과자를 만들며, 국을 끓이고, 전을 굽고, 도토리묵을 만들어 먹는 수업을 하면서 아이들은 최고의 시간을 갖는다. 물론 간디 먹거리 철학을 이해하는 시간을 갖기도 하며 이론 공부도 한다. 하지만 아이들은 이론보다는 실습을 요구하고 많이 하기를 갈망한다.

기숙사 생활에서 아무리 먹어도 배고픈 우리 아이들, 음식 기초 수업이 그 배고픔을 해결할 수 있는 유일한 시간이란다. 그래서 더 열심이고 최선을 다한다.

3~4명씩 요리를 해서 먹을 때는 이 세상 부러울 것이 없어 보인다. 뒷정리 또한 척척이다. 기말에 수업평가를 할 때면 "내 손으로 직접 해서 먹을 수 있는 수업이 너무 좋아."가 당연 최고이다. 그리고 더 많은 실습을 요구한다.

그리고 나 또한 배움을 갈망한다. 그래서 연수를 하고 책을 통해 배워 나가며 조리사 쌤들과도 많은 고민과 생각들을 나누기도 한다. '옷 만들기' 수업 또한 빠질 수 없는 중요한 과목이다.

난 오십이 넘은 지금도 부끄럽지만 재봉질을 할 줄 모른다. 그래서 수업을 듣는 아이들에게 바짓단 수선을 맡기고 지퍼 수선도 맡긴다. 재봉틀 앞에서도 두려워하지 않고 척척 해내는 모습에서 자신감과 행복함을 볼 수 있다. 수년 전에는 자기들이 만든 옷을 입고 기말축제 때 패션쇼를 하면서 부모님들과 재학생들에게 기쁨을 선사하기도 했다. 교사도 아이들에게서 이렇게 또 배운다.

'농사수업'은 간디에 오면 누구나 해야 하고
기본으로 생각한다. 이곳 시골에 살면서 작은
텃밭을 가꾸는 재미가 쏠쏠하다.

'목공수업'을 통해 거창하게 내가 살 집을 짓는 것이 아니라, 작은 소품 하나라도 내 손으로 만들어가는 아이들의 손길에 저절로 시선이 간다.

'농사수업'은 간디에 오면 누구나 해야 하고 기본으로 생각한다. 이곳 시골에 살면서 작은 텃밭을 가꾸는 재미가 쏠쏠하다. 봄이면 밭을 간 곳에 씨를 뿌리고 모종을 심으며 정성을 들이는 아이들의 작은 손길들이 참 예쁘다. 지금 텃밭에는 옥수수며, 고추, 상추, 쑥갓, 방울 토마토 등이 열매 맺혀 아이들이 따주기를 기다리고 있다.

시골에서 볼 수 있는 여러 가지 먹거리들이 우리를 풍요롭게 한다. 기숙사 주변 산에 널려 있는 산딸기. 오디. 살구, 앵두…… 우리 아이들의 천연간식이다.

이렇게 우린 자립교과의 필수과목들을 이수하면서 아이들은 자기만의 자립을 꿈꾸며 간디정신을 배운다.

또한 고등과정에서 배움의 하나로 작업장이 있다. 노동을 통해 수익을 창출하고, 경제교육을 통해 아이들은 사회와 공동체를 배운다. 농사작업장, 비누공장, 카페작업장, 간디자인, 음식작업장과 같은 고등과정의 작업장은 아이들의 일터이자 배움의 장이다.

농사작업장은 돼지를 키우고 생태화장실의 똥을 치우고 농사를 짓는데, 남학생들로 구성된 8~9명의 직업 정신(?)이 투철하다. 얼마나 대견한지 모른다. 비누작업장은 작업장의 꽃이라 할 만큼 많은 수익을 내기도 하지만 간디 가족들의 애용품들을 많이 만들어내는 곳이다. 생태적이고 친환경적인 우리 학교와 뜻을 같이하는 화장품이며 천연재료로 만드는 연고, 샴푸, 주방세제 등은 최고의 인기 품목이기도 하다. 나도 이젠 유카샴푸의 애용자가 되었다. 간디가족이라면 누구나가 좋아하고 애용하는 최고의 선물이다.

카페 작업장은 아이들의 간식을 친환경 유기농 재료로 만든 간식을 판매한다. 아이들의 입맛에 맞추어 샌드위치피자, 오미자 발효액 등 여러 가지 종류를 개발하며 아이들의 입맛에 맞추고자 노력하는 것을 볼 때면 아이들의 수고로움에 박수를 보내고 싶다.

외부 매점을 이용하지 못하는 규칙이 있지만 아이들은 동네 매점에 가서 라면이며 입맛에 맞는 과자들을 사서 먹기를 좋아한다. 그것을 방지하고 건강한 재료로 아이들에게 만들어 판매하지만 비싸서 사먹기가 어렵단다. 그리고 언젠가는 수고하고 애쓰는 언니오빠들의 수고로움과 노력들을 알아주리라 믿는다. 그리고 아이들은 카페작업장을 기억하리라.

'간디자인' 작업장은 참 예쁜 작업장이다. 여학생들로만 구성되어 있기도 하지만 오밀조밀한 소품들을 만들어내기도 하고 티셔츠를 직접 디자인하고 실크 스크린을 해서 판매하며 커텐 같은 큰 작품들도 척척 만들어서 카페 작업장을 빛내기도 한다.

간디자인의 티셔츠는 여름엔 교복처럼 입고 다니기도 한다. 특히 간디를 졸업한 선배가 작업장의 교사가 되어 더욱더 즐겁고 행복하게 작업장을 꾸려나가는 모습이 참으로 아름답기까지 하다.

음식 작업장은 여덟 명의 남녀 친구들이 몸을 아끼지 않고 성실히 한다. 학교의 장류(고추장, 된장, 간장)를 만들며 판매까지도 한다. 1주일에 한 번씩은 기숙사로 간식을 납품하며 때로는 조리사 쌤들의 보조 스텝으로 주방 일손을 도우며 요리(?)를 만들어내기도 한다. 그래

간디정신을 배우고 실천하다

자립교과의 필수과목들을 이수하면서 아이
들은 자기만의 자립을 꿈꾸며 간디정신을 배
운다.

서 가장 힘들게 일하는 조리사 쌤들의 수고로움을 알고 감사할 줄 아는 아이들로 성장한다.

끊임없이 다른 메뉴를 요구하고, 더 배부르게 많이 먹는 것을 원하는 재학생들의 입맛을 맞추어내기는 힘들지만 100여 명이 넘는 아이들의 간식을 정해진 시간 안에 만들어내는 아이들의 손길과 몸놀림은 정신없이 날렵하다.

불평 없이 다 해내는 우리 작업장의 친구들이 고맙기까지 하다. 이렇게 아이들은 협동과 자립을 배워가고 자립을 해나간다. 그래서 작업장의 모든 아이들은 자기들의 수고로 수익을 낸 것에 대해 작은 배당금을 받기도 한다. 그것으로 학비를 보태기도 하는 효녀, 효자들도 있다. 이렇게 작업장에서의 배움은 고3이 되면서 인턴십으로 연결되며 자기들의 진로를 고민하는 데 큰 도움이 되기도 한다.

삶에서 기초적인 의 · 식 · 주 문제를 해결할 수 있는 실제적인 활동들을 통해 우리가 자연의 일부임을 알고 더불어 살아가는 방법을 공부하며 노력해가는 아이들의 모습에서 나 또한 많은 것을 배워간다.

간디정신을 배우고 실천하다

너는 고3인데 공부 안 하니?

김현숙(고등부 멘토, 연구부)

산청교육청으로부터 해산 명령을 받은 비인가 중등과정은 지난한 과정 끝에 제천으로 옮겼다. 갑작스러운 결정에 기숙사와 학교를 한꺼번에 해결할 수 있는 공간을 마련한다는 것이 쉽지 않았다. 여러 곳을 둘러보던 중 제천 덕산에 있는 지금의 학교에 자리를 잡게 되었다. 우여곡절 끝에 보금자리를 틀기는 했지만, 교육시설뿐만 아니라 교육과정 또한 열악하고 어설프기 짝이 없었다.

이러한 갈등과 분화되는 과정 속에서 교사, 학부모, 학생들은 함께 대안적인 공동체를 꿈꾸며 서로의 아픈 상처를 치유해주고 현실적인 어려움도 극복해갔다. 학교가 안정되고 자리를 잡으면서 우리는 또 다른 고민을 하게 되었다. 중등 3년을 마치고 졸업하는 학생들의 진로에 대한 고민이었다. 길들여진 주입식 교육에서 해방되어 자신을 주체적인 존재로 받아들이고 스스로 자립하려는 의지가 생길 때쯤이면 졸업을 시키게 되는 학교의 입장에서는 참 안타까운 일이었다. 자신과 이웃을 생각하며 더불어 행복한 사람으로 살기 위한 배움의 시간이 3년으로는 부족하다는 판단을 하게 되었고, 제천에서 고등과정을 만들기로 하였다. 이것이 비인가 6년 통합과정 제천간디학교의 시작이다.

6년 과정을 통해서 아이들이 가장 성장하는 지점은 함께 사는 것이다.
"우리는 공동체잖아요."
"공동체, 정말 지긋지긋해요."
제천간디학교 학생이라면 학교생활을 하면서 누구나 입에 달고 다니던 말이다. 기숙사 생활을 하는 아이들은 모두 집에서는 공주고 왕자님이다. 자신의 공간에서 남에게 방해 받지 않고 자란 아이들에게 타인과, 그것도 100명이 넘는 친구, 선배, 동생들과 함께 산다는 것은 도를 닦는 일이다. 생활뿐만 아니라 학교에서 이루어지는 배움도 모둠학습, 협동학습이니 아이들은 집에 갈 날만 손꼽아 기다린다. 함께 산다는 것이 의미 있고 큰 배움이기는 하지만, 어린 나이에 공동생활 속에서 개인의 자유를 찾는 힘겨움을 겪는 모습을 보면 가슴이 짠하기도 하다. 울고 웃고 뒹굴며 6년을 보내고 나면 미운 정, 고운 정이 들어서 졸업하면 다시는 안 만나겠다는 동기들을 그리워하고, 지긋지긋한 학교를 고향처럼 생각한다. 이렇게 아이들은 몸으로 함께 사는 법을 배우고, 나와 다른 타인을 이해하고 받아들이는 요령을 터득한다.

함께 산다는 것이 의미 있고 큰 배움이기는
하지만, 어린 나이에 공동생활 속에서 개인의
자유를 찾는 힘겨움을 겪는 모습을 보면 가
슴이 짠하기도 하다.

세상을 살아가는 큰 힘을 얻은 것이다.

그리고 6년 과정을 통해서 스스로 자신의 배움을 조직하는 방법을 알아간다. 그래서 아이들은 항상 선택을 해야 한다. 주제 프로젝트의 소주제를 무엇으로 할지, 논문을 어떤 주제로 쓸지, 무빙스쿨은 어디로 갈지, 인턴십은 어떤 현장으로 나갈지 등 끊임없는 선택의 연속이다. 이 과정 속에서 아이들은 나는 누구인지? 나는 무엇을 좋아하는지? 앞으로 어떻게 살고 싶은지 등 자신에 대해서 탐색하게 되고 자신의 관심사를 찾아간다.

고민의 절정은 5학년 말. 인턴십 현장을 찾는 과정에서 드러난다. 길들여져서 안전하다고 느끼는 기존 가치와 학교의 다양한 관계 속에서 배운 가치들 사이에서 내가 중요하게 생각하는 가치는 무엇인지, 무엇을 선택할 것인지에 대한 치열한 자신과의 싸움 끝에 인턴십을 나가게 된다.

그러나 주제를 잡고 단체를 결정하는 과정이 결코 쉽지가 않다. 특히 자신이 무엇을 좋아하는지, 무엇을 하고 싶은지 결정을 잘 하지 못하는 아이들은 6학년 학기가 시작되어도 헤매는 경우가 있다.

그중에서 기억에 남는 학생이 있는데, 그 아이는 4월이 지났는데도 인턴십 현장을 정하지 못했다. 집에 있으면서 부모님 눈치도 보이고, 그렇다고 마음에도 없는 현장에 가고 싶지는 않고 해서 심한 가슴앓이를 했다. 힘든 시간을 보내면서 자신에 대해 고민하기 시작했고, 작은 것부터라도 시작하는 것이 중요하다고 판단하여 피아노를 배우기 시작했다. 자신을 훈련하는 과정을 거치면서 목수일도 하고, 집 짓는데도 따라다니며 잡일을 하기도 하면서 아버지가 지으려고 준비한 정자를 혼자 지어보겠다는 결정을 하게 되었다. 학교 목공 시간에 배운 지식이 전부인데 현실적으로 가능할까라는 생각도 들었고 학교의 교육과정 목적에 부합되지도 않아서 고민도 했지만, 배움의 속도나 정도는 아이들마다 다르다는 것을 감안해서 허락을 하였다. 산에 가서 나무를 직접 베어서 말리고 다듬고, 정자를 직접 디자인하고, 필요한 재료들을 구입해서 2개월 만에 정자를 완성하였다. 그 과정에서 강한 비바람에 정자가 쓰러져 그만두려고도 하였으나, 책임이라는 단어가 떠올랐다고 한다.

그 학생은 인터십을 이렇게 말했다.

"학교를 5년이나 다녔는데, 이 짧은 6개월이라는 시간 동안 정말 힘들고, 재밌는 일들을 경험해보았다. 그 기간 동안 난 다른 친구들처럼 큰 계획이 있거나 일정이 있었던 것은 아니지만, 나 자신을 돌아보고 나의 단점과 장점을 인정하게 되었다. 인턴십이라는 과정은 참 매정하기도 하고 힘들고 막막하지만 그 시간을 견디고 즐긴다면 자기 내면의 소리를 들을 수 있는 과정인 것 같다."

인턴십 과정을 통해서 아이들은 간디를 떠나 세상 밖에서 스스로 서는 연습을 한다. 처음 경험해보는 세상 속에서 학생들은 다른 문화와 익숙하지 않은 관계, 그리고 상충되는 가치들을 만나면서 막연한 불안감과 경쟁에서 밀려난 듯한 두려움을 느끼기도 한다.

이러한 불안은 무엇을 하고 살 것인가에 대한 질문보다 어떻게 살 것인가를 묻고 답하는 과정 속에서 자신의 삶의 방향을 정하는 원동력이 된다. 우리 사회의 기존 질서에 편입하여 적응하기보다는 자신이 선택한 가치를 실현하고자 하는 변화의 주체로 인식함으로써 내면화되어 있는 불안을 극복하는 힘을 얻는다.

그리고 각각의 주제를 가지고 간디에서 배운 가치들이 우리가 살고 있는 사회에서 어떻게 구체화되고 있는지를 자신이 선택한 단체에서 활동하며 나와 연결되어 있는 사회를 알아간다. 인간이 소외되지 않는 생명 중심의 공동체를 만들기 위해 노력하는 활동가들의 삶 속에서, 힘든 이웃들의 일상을 통해서, 단체의 활동을 경험하면서 나의 삶과 구체적으로 연결시키는 경험을 한다.

가치를 실천하는 과정 속에서 일어나는 갈등과 모순을 나의 문제로 받아들여서 진지하게 고민도 하고, 사소한 일상에서 다름으로 인해 생기는 갈등들로 어려움을 겪으며, 부족한 자신의 모습을 받아들이는 연습을 하면서 자신이 확장되는 경험을 한다,

아이들의 목소리를 들어보자.

동티모르 분쟁지역에서 6개월간 평화활동을 하면서 '그들은 어쩔 수 없이 평화의 길을 선택한 것이었다. 인생이 그들을 평화의 길로 이끌고 있었다. 너무나 감동적이지 않은가? 분쟁에서 희망을 찾아내고, 또 평화를 이야기하는 사람들이 있다는 것, 그래서 우리는 여전히 희망을 가지고 있는 것인지 모르겠다.'

하자 노리단 단원으로 학교와 또 다른 배움과 가치를 경험하면서 '함께 있는 사람들이 깨어 있고 열려 있다는 것이 나에게 정말 큰 힘이 됐고 알게 모르게 나를 변화시켰어. 변화시켰다기보다는 온전한 내 모습을 조금은 찾아냈다고 하자.'

장애인 직업학교인 반티에이 쁘리업에서 자원활동가로 일하면서

'나에게 NGO는 동경의 대상이자 두려움의 대상이었다. 어릴 때부터 공부방을 운영하는 엄마와 아빠를 보면서 자연스럽게 '느끼게' 됐고, 간디학교에 들어와 다양한 NGO 활동가들을 잠깐씩 만나볼 기회가 생기면서 점점 더 확신을 갖게 되었다. 좋은 일 하면 고생한다는 것을. 나는 고생이 싫었다. 그런데 반티에이 쁘리업에서 그들의 삶을 보면서 모두들 같이 행복한 즐거운 세상을 꿈꾸고 있었기 때문에 힘든 문제와는 별개로, 각자의 일들을 사랑하고 즐기고 있다는 것을 깨달았고, 나중에 나도 이렇게 되겠구나라고 생각했다.'

풀무학교가 있는 홍성군 홍동면의 마을사업들을 두루 경험하면서 자신의 진로에 대해 이렇게 제안한다. '내 뿌리가 되는 간디학교가 있는 덕산이든 어느 곳이든 지역과 관계 맺으며 살고 싶다. 내가 살고 있는 곳을 좀 더 살기 좋게 하는 일을 하고 싶다. 생태, 환경에 관심 가지는 것도 그런 맥락이다.'

인권이라는 주제로 청소년 인권 조례 제정 운동에 동참하면서 '학교에서 매일같이 더불어 행복한 세상을 이야기하지만 인턴십을 다녀오기 전까지는 그 개념에 대한 이해가 적었다. 인턴십을 통해서 내가 살고 있는 세상에 대한 이해와 고민을 하게 되었다. 그리고 추상적으로 생각했던 나의 진로를 명확하게 만들어주었다. 결코 운동을 포기할 수는 없다.'

세상 속에서 무시무시한 통과의례인 인턴십을 마친 아이들은 5년간의 배움을 스스로 조직하는 인문학 캠프를 준비한다. 5년간 학교생활을 하면서 느꼈던 문제의식이나 인턴십 현장에서 경험한 갈등이나 주제들을 모아서 또래 아이들과 함께 서로의 생각을 나누고 배우는 자치

각각의 주제를 가지고 간디에서 배운 가치들
이 우리가 살고 있는 사회에서 어떻게 구체
화되고 있는지를 자신이 선택한 단체에서 활
동하며 나와 연결되어 있는 사회를 알아간다.

학교이다. 사랑과 자발성에 기반한 배움이 극대화되는 시간이다.

아이들은 자신들이 공부하고 싶은 주제를 정하고, 함께 공부하고 토론하면서, 간디에서 배운 것들을 정리하고 앞으로의 삶을 계획하면서 6년을 마무리한다.

부모님이 권유했건, 내가 스스로 결정했건, 제천간디를 선택한 것은 엄청난 결정이며 도전이다. 그에 따르는 현실적 어려움도 많다. 상급학교 진학할 때 필요한 졸업장도 없을 뿐만 아니라 흔히 세상에서 말하는 스펙이라고 할 만한 것은 거의 없다. 졸업과 동시에 앞으로 어떻게 살아갈까에 대한 고민은 더 커지고, 가끔씩 자신의 선택에 대해서 후회하기도 한다. 어떻게 살아야 할지 방향을 잡지 못하고 방황할 때, 간디에서 배우고 익힌 자기 속에 있는 힘을 보기 바란다. 100명 이상의 서로 다른 사람들과 지지고 볶으면서 살았던 내공을, 함께 배우고 일하면서 터득한 서로를 배려하는 마음을, 단계별로 끊임없이 주어지는 프로젝트를 통한 자기기획력과 문제해결능력을, 경쟁하지 않고 상생하며 살아가는 방법을, 그리고 제천간디를 통해서 소박하지만 행복하게 살 수 있다는 희망과 가능성을 나는 간디에서 꿈을 꾼다.

아이들이 각자의 배움을 통해서 다시 마을로 돌아오는 꿈을.

생태적인 삶을 고민하면서, 대안문명을 만들기 위해 함께 노력하는 자치마을을 만드는 꿈을.

"꿈은 혼자 꾸면 꿈이지만, 여럿이 꾸면 현실이 된다."

사랑과 자발성은
학교 홈페이지에만 있나요?

김윤하(6학년 학생부)

사랑과 자발성. 간디학교의 교육철학이다. 산청에서 간디학교가 개교한 이래로 대안교육에 관심을 가진 사람들이 한번쯤 들어봤을 법한 모토일 것이다. 제천으로 이주한 뒤 '더불어 행복한 사람'이라는 구체적인 교육목표를 설정한 이후에도, 그 목표에 도달하기 위한 원리로서 사랑과 자발성의 철학은 간디학교 교육을 설명하고 이해하는 가치로 사람들의 기억에 깊이 자리하고 있을 것이라 생각한다.

　사랑과 자발성이라는 가치는 철학의 문제이기 때문에 그 해석이 어쩌면 중요한 지점일 수 있고, 그만큼 다양한 입장에서 해석되기도 할 것이다. 제천간디학교의 교육을 이해하는 방향타가 될 수 있기에 그 큰 흐름만이라도 짚어보려 한다.

처음 간디학교를 열면서 주창한 사랑의 가치는 '모든 교육적 행위는 사랑을 바탕으로 하여야만 그 가치를 지닌다.'라는 말로 표명되었는데, 그만큼 당시 교육현실이 혹독했음을 말해준다. 지금도 그 현실은 크게 변한 것이 없지만 근대적 학교라는 교육제도가 필연적으로 직면하게 되는 경쟁과 몰개성의 영향은 아이들이 성적을, 혹은 관계를 비관하여 자살이라는 극단의 선택을 하게 만들고 있다. 교육 행위의 주체가 되어야 할 학생들이 그 지위를 상실하고, 경쟁에서 승리라는 목적의 수단으로 사용되는 것도 모자라 이웃과 친구를 철저하게 배제해야 하는 말도 안 되는 일이 눈앞에서 벌어지고 있지만, 입시체제를 통한 인간 등급의 확정이라는 거대한 흐름 속에서 학생, 학부모 개인이 그 아수라를 헤쳐 나온다는 것은 무척 어려운 일일 것이다.

간디학교는 그 해결의 시작점을 '사랑'으로 보았다. 개교 이후 비교적 초창기에 그 사랑의 몫은 교사와 학교였다고 기억한다. 워낙 초등학교, 유치원, 아니 태어나면서부터 경쟁을 통한 등수와 성적의 압박(지금은 등수와 성적의 자리에 '뭔가 하나라도 잘할 수 있는 재주'가 대신 자리하는 경우도 흔해졌지만)에 시달리며 관계에 치인 아이들이 많은지라 교사들은 그저 사랑으로 안아주기만 해도 마음의 아픔을 털고 쑥쑥 자라는 아이들을 많이 봐왔다. 학교가 친구들과 경쟁하는 링이 아니라는 믿음을 심어주고, 기다려주기만 하면 아이들은 스스로 자신을 성장시킬 수 있는 존재라는 것을 확인한 것이다.

시간이 지나면서 사랑의 몫이 조금씩 변화하는 것을 느꼈는데, 이는 사실 내 시각의 변화라고 해도 무방할 것이다. 학교라는 틀과 관계에 치인 아이들을 상처의 주범인 학교(교사)가 마냥 안아주기만 하면 나아지리라 생각했는데, 그 주체인 학생들이 그 사랑을 받아 결국 스스로를 사랑하지 않으면 안 된다는 것을 알게 되었다.

요즈음 학생들은 다양한 까닭으로 마음에 상처를 안고 살아간다. 학교, 성적, 친구, 부모님, 지나친 기대, 가정불화, 시대의 불안 등등. 이런 것들로부터 받은 상처는 스스로 사랑하는 방법을 알고 온 마음을 내어 자기를 사랑할 때에만 치유가 가능하다.

의외로 자신감이 심각하게 결여되어 있거나, 스스로를 타인과 비교하며 자기 자신에게 상처를 주는 아이들이 많은 걸 보게 된다. 꼭 성적이나 등수가 아니더라도 뭔가 하나 특출함을 요구하는 부모나 사회의 기대가 아이들을 자책이라는 함정으로 몰고 갈 수 있을 것이다.

자신감을 상실한 아이들은 인정에 대한 욕구도 상대적으로 커져서 친구와 주변사람들에게 끊임없는 사랑과 관심을 요구하거나, 그 기대가 채워지지 않을 때 상대에게 자신의 상처만큼이나 큰 아픔을 주기도 한다. 그 치료는 전적으로 사랑의 마음으로부터 기인한다. 한 영혼이 성장하려면 마을이 필요하다고 했던가? 구성원들의 전적인 지지와 사랑만이 상처받은 마음을 아물게 한다.

결국 자기를 사랑할 줄 아는 사람이 친구와 이웃을 사랑할 수 있고, 뭇 생명에 대한 사랑과 인간에 대한 이해를 품을 수 있는 법이다. 그것이 가능해야만 너와 내가 함께 행복한 '더불어 행복한 삶'이 이루어질 수 있다고 생각한다.

교육의 또 다른 주체인 부모 사랑의 몫은 아이를 있는 그대로 바라봐주는 것이라 할 수 있다. 간디학교를 선택한 대부분의 부모들은 경쟁과 입시에서 (아이와 함께) 자유로워지고 싶어서 대안을 찾아왔다고 말한다. 첫 마음은 그럴진대 상황이 어느 정도 안정되면 슬슬 부모의 본래 역할은 기대와 닦달이라는 듯 아이를 채근하는 경우가 있다. 거기서 오는 실망감과 학교에 대한 섭섭함을 감추지 않는 사람들도 있는 것이 현실이다.

나를 포함한 간디학교의 부모님들과 교사들에게 묻고 싶은 것이 있다. "혹시 우리는 경쟁과 성적, 등수와 등급이 자리를 비워준 곳에 리더, 탁월함, 뭐라도 하나 잘해야 하는 바람을 치환시켜놓은 것은 아닐까요?"

대안사회의 리더가 되어야 한다는 당위와 탁월함을 갖춰야 한다는 기대는 최근 간디학교를 포함한 대안교육 진영의 관심사이다. 아이들이 밝고 건강하게 자라서 자기 몫의 역할을 하며 이웃과 더불어 행복한 가치를 전파하며 사는 것은 나 또한 바라는 바이기는 하나, 그렇게 되기 위해 위에 열거한 것들이 반드시 필요한지는 모를 일이다.

다만 리더가 되어라, 탁월해야 한다는 말은 또 다른 경쟁을 부추기는 것이 아닐까 하는 생각이 점점 확고해지는 것이 사실이다. 결국 부모 사랑은 아이에 대한 기대와 관심의 적절한 선 찾기가 아닐까 생각한다. 내가 원하는 바대로 상대가 바뀌기를 바라는 것이 사랑은 아니지 않은가. 사랑이란 'don't change your hairstyle for me.'가 아닐까? 이 마음 또한 혼자 먹기 어려운지라 간디학교에서는 최대한 부모들끼리 친하게 지내기를 권한다. 간디학교에는 아이와 함께 부모가 입학한다는 말이 있는데, 부모의 성장이 동반되어야만 아이의 성장이 온전히 담보되기 때문이다. 부모들이 친하게 지내야 하는 이유는 내 아이 중심의 시각에서 벗어나기 위해서이다.

처음 몇 학기 동안은 여럿이 올라가 있는 발표 무대에서도 내 아이만 보인다고 한다. 그러던 것이 부모들끼리 하하호호 즐겁게 놀면서 가족처럼 지내다보면 어느새 같은 반 아이들이 내 아이와 함께 보이기 시작하고, 가족의 입장에서 아이들의 문제를 함께 고민하게 된다. 교육의 장에서 사랑이라는 큰 울타리가 획득되는 과정이다. 비로소 부모들이 내 아이를 중심으로 한 교육소비자에서 더불어 행복한 삶을 살아갈 동지로서 준비가 되는 순간인 것이다.

반대로 간디학교에 입학한 것이 끝이라고 생각하고 학교에 아이를 위탁한 부모들이 있다. 과하지만 않다면 가정에서의 사랑이 한 사람을 오롯이 자라게 하는 최고의 밑거름이자 자기를 사랑할 수 있는 힘의 원천인 것은 두말해서 무엇하랴.

졸업생 A의 이야기. 중등과정인 3학년을 정리하는 논문주제를 정할 즈음이었다고 기억한다. 악기연주도 잘하고, 그림과 사진을 좋아해서 곧잘 전시도 하고 친구들과도 밝게 잘 지내는 녀석이었는데 자못 심각한 표정으로 '쌤, 전 잘하는 게 아무것도 없는 것 같아요. 특징도 없고 너무 평범한 사람인 것만 같아 뭘 해야 할지 늘 고민이에요.'라고 하길래 약간은 당혹스럽기도 하고, 무엇이 녀석을 그렇게 주눅들게 하고 짓눌렀는지 궁금해졌다. 알게 모르게 뭔가를 특출나게 잘하는 친구들과 자신을 비교했던 것이리라. 차근차근 자기를 찾아갈 수 있는 대화를 나누었고 방법은 녀석 안에 이미 있었기에 결과적으로는 여행에 관한 사진과 글이 들어간 논문을 훌륭히 쓸 수 있었고, 이후에도 재미나게 학교생활하며 지냈다.

그러니 누구든 의도하고 행하진 않겠지만 부디 비교하지 마시라. 그룹 안에서 내 아이가 어디만큼 있는지 위치를 가늠하지 마시라. 있는 대로 바라봐주시라. 딱히 잘하는 게 없는 것이 커다란 실패인가? 뭐든 중간쯤 자리매김하는 사람은 사회적으로 어떤 가치를 지니는가? 리더가 되지 않고 사람들과 원만하게 지내는 것은 인간으로서 불편한 일인가? 그 질문에 대한 답을 찾아가는 모색의 과정이 바로 삶이 아니겠는가.

'자발적인 동기부여와 그 과정을 통해서만 배움이 일어난다.'는 믿음이 간디학교 안에 존재한다. 전적으로 동의한다. 배움과 앎은 단순 지식의 나열이거나 정보의 총량과 다른 것이므로 사람들이 그렇게 싫어하지만 버리지 못하는 '주입식 교육'이란 기실 교육이 아닌 교화일 것이다. 간디학교는 교화가 가능하지도 않다고 생각하며, 혹여 가능하다 하더라도 그렇게 바뀐 인식은 사람의 본성과 공존할 수 없으므로 그 유지가 불가능하다고 생각한다.

자발성을 해석하는 대표적인 방법인 '자유'의 가치. 이전에는 상처받고 주눅든 아이들에게 사랑과 적절한 자유를 선사하면 치유되는 과정이 비교적 쉬웠었다. 아이들은 그만큼 짓눌려 있었고 욕구에 대한 해소가 필요했다. 요즈음은 상황이 변해가는 걸 느낀다. 요즈음의 아이들에게 자유는 기본이다. 한 가정 한 자녀 시대에 뭐든 얻고자 하는 것은 다 되는 아이들에게 피상적 자유는 적절한 동기부여가 되지 않음을 교사들은 알게 되었다.

하지만 교육에서 자발성과 자유란 소유와 성취의 욕구가 해결되는 것이 아니지 않은가. 거창하게는 간디가 말하는 자유의 가치란 '진리 앞에서 무릎 꿇을 수 있는 자유(진리 앞에서의 단순함)' 또는, 우리를 자유롭게 하는 진리에의 추구가 될 것이다. 진정으로 자유롭고 자발적인 사람은 무기력에 빠지지도 도를 넘는 방종을 추구하지도 않으며 그에 따른 책임을 정면으로 맞닥뜨릴 수 있는, 그래서 인간이 인간다울 수 있는 방법을 잘 알고 있는 사람이다.

이런 거창한 내적 자유와는 달리 종종 자발성의 본래 의미보다 자유에 대한 부분이 확대 해석되어 '하고 싶은 것만 하는, 타인에 대한 배려가 부족한, 즐거움만을 추구하는 말초적인'이라는 오해를 받는 경우가 있다. 그런 오해들은 상상에 기반하고 있기에 큰 논쟁거리가 되지 못하기도 하고, 간디학교에 의외로 규칙이 많고 서로 배려하지 않으면 살아가기 힘든 환경이라는 걸 알게 되면 굳이 설명하지 않아도 그런 문제제기를 했던 사람들이 먼저 놀라기도 한다.

기실 자유교육이란 각자 지닌 본성 그대로 자기 몫을 하며 살게 도와주는 것이라고 생각한다. 그래서 교사가 해줄 수 있는 부분이 크지도 않다. 교육이 무언가를 크게 바꿔놓을 수 있으리라는 믿음과 교사가 조금만 더 노력했다면 아이들이 더 행복했으리라는 자책은 어쩌면 오만함의 다른 표현방식일지도 모르겠다. 그래도 몸을 움직이는 좋은 습관을 길러주고 싶기는 하다. 몸에 익은 좋은 습관은 후회를 덜하게 해주니까. 때로는 지적인 자극도 주고 싶다. 앎에 대한 탐구가 종종 사람을 구원하기도 하는 것을 알기에. 자유교육이란 (모자라면) 무기력과 (과하면) 방종 사이의 묘한 줄타기가 아닐까 생각한다. 교사에게는

학생의 입장에서 자발성이란 내가 어느 지점에서 행복한지, 언제 내 마음이 설렘으로 가득해지는지 스스로 느끼고, 깨닫고, 찾아가는 모색의 과정일 것이다.

지랄총량의 법칙을 믿고 방종의 도가 지나치지 않도록 저어하고 삼가는 마음을 심어주되 규칙과 기준을 들이밀며 아이를 재단하지 않는 마음가짐이 필요하다.

그런 의미에서는 부모가 제일 못하는 건 기다림이다. 아이를 바라보며 도무지 뭘 제대로 하는 것 같지도 않고 속은 터지는데, 스스로 깨달음이 일어나도록 기다리라고만 하니 답답함이 하늘을 찌르고도 남을 것이다. 하지만 무기력의 터널을 빠져나오길 기다려주는 것. 그것이 부모의 몫이다. 사건, 사고의 연속 속에 이제 그만 방황을 끝내고 철이 들도록 오로지 기다리는 것. 그것이 부모의 역할이다. 절대 포기하지는 말고. 아이가 친구들과 관계가 원만하지 않다고, 기말축제에 남들 다 발표하는데 정작 내 아이만 하는 게 없다고 아이들을 채근하는 것은 자발적 동기부여를 가로막는 것이라는 걸 명심하시라. 어찌 부모 되기가 이렇게 힘든지 나보고 하라면 못할 것 같다. 그러니 당신들 인생을 사시라. 절대 포기하지는 말고.

학생의 입장에서 자발성이란 내가 어느 지점에서 행복한지, 언제 내 마음이 설렘으로 가득해지는지 스스로 느끼고, 깨닫고, 찾아가는 모색의 과정일 것이다. 자발적 동기 부여의 흔한 예는 이동식 해외체험학습을 통해 찾아볼 수 있다. 이동식 해외체험학습을 가기 전에는 온갖 설득과 회유에도 절대로 외국어를 공부하지 않는다. 하지만 타국에서 만난 현지인 친구와의 '소통' 문제를 경험한 아이들은 시키지 않아도 언어를 공부한다. 그 친구와 너무너무 얘기하고 싶었는데, 내 마음을 다 못 전하고 온 것이다. 아울러 언어를 아는 것은 그만큼 세계가 넓어진다는 걸 스스로 깨닫게 된다.

사랑과 자발성은 학교 홈페이지에만 있나요?

이렇듯 스스로에게 '네가 진짜로 원하는 게 뭐야?'라고 묻고 답할 수 있어야 한다.

졸업생 B의 이야기. 키도 훤칠하고 멀끔하게 생긴 B는 보기와는 다르게 무척 무기력했다. 기면증이 아닐까 심각하게 고민될 만큼 잠을 잤다. 지금 생각해보면 다 필요한 과정이었고, 몸이 자라는 만큼 잠도 많이 잤어야 했겠지만 부모님의 걱정은 이만저만이 아니었다. 급기야는 학교로 커다란 서예작품이 배달되었는데 '지금 자면 꿈을 꾸지만, 공부하면 꿈이 이루어진다.'라는 글이 쓰여 있었다. B가 생활하는 방에 걸어달라는 부탁이었는데, 결국 액자는 방에 걸리지 못하고 창고로 사라졌다. 헛웃음 나오는 상황이었지만 마냥 웃을 수만도 없었는데, 부모님의 걱정이 고스란히 느껴졌기 때문이었다. 그 친구는 얼마전 군대를 제대하고 잘 살고 있는 듯했다.

사랑하기를 포기하지 않고 준비되기를 기다려준다면 아이들은 스스로 자란다. 스스로를 사랑하고 자발적 동기부여를 통해 어떤 상태에서 행복한지 알게 된 사람은 더불어 행복한 삶을 살아갈 준비가 된 존재이다. 당장 그렇지 않더라도 모색의 시간을 포기하지 않는다면 괜찮을 것 같다. 10년을 모색하면 또 어떠하리. 우리는 실패의 두려움보다 여기까지라는 마음으로 그 자리에 주저앉는 것을 더 경계해야 한다. 힘들면 앉아서 쉴 수도 있고 때로는 왔던 길을 되돌아갈 수도 있지만, 자기합리화를 통한 어쩔 수 없이 물들어 감은 자기를 갉아먹는 것이 될 것이다.

졸업생 C의 이야기. 여러 해에 걸친 단체생활, 거창한 철학, 항상 배려해야 하는 상황, 내 욕구를 채우지 못하는 구조. 커다란 가치에 눌렸다고 생각한 C는 공동체라는 말만 나와도 징글징글하다고 했다. 자기는 절대 남과 어울려 살지도, 배려하며 살지도 않을 것이라 했다. 오롯이 나를 위해 살겠다며 떠난 여행지에서 편지를 보내왔다. 여행을 하는 와중에 예쁘고 화려하고 편안한 것만 보려 애썼는데, 어느 틈에 자기가 소외되고 고통받는 사람들이 있는 곳으로 향하고 있더란다. '내가 어느 결에 이곳에 와 있지?'라는 인식을 했을 때는 이미 늦어버려서 잠시 여행을 접고 그곳에서 봉사활동을 하고 있다는 내용이었다. 지긋지긋한 간디 교육 때문이라며 투정 아닌 투정을 부리고 있었다. 더불어 편안함과 즐거움이 '좋은 것'에만 있지는 않다는 내용도 있었던 걸로 기억한다. 보편화할 수 없는 예이긴 하지만 이런 것이 사랑의 확장, 인류애라고 하면 너무 확대해석 한 건가? 그럼 자유의지로 진리 앞에 무릎 꿇는 즐거움이라고 한다면? 지긋지긋하지만 소외되고 고통 받는 사람들과 함께하는 연대와 그 연대 속에서 즐거움(기쁨)을 발견하는 것이야말로 공동체 의식의 실천이 아닐까 생각한다.

올해 졸업을 앞둔 학생들의 인턴십을 도우며 아이들이 우리 생각보다 훨씬 더 세상과 부딪히며 잘 살 수 있으리라는 희망을 보았다. 우리 아이들은 분명 갈등해결 능력과 사람과의 관계를 맺고 풀어갈 수 있는 장점이 있다. 경쟁을 부추기는 사회에서 더불어 살아가려는 의지는 큰 힘이 되어줄 것이다.

오래된 신화가 있다. 주로 아이들이 어차피 나가서 살 세상은 험악하니 경쟁력을 갖춰줘야 한다는 목소리를 내는 사람들에게서 회자되는 신화이다. '호랑이를 잡으려면 호랑이 굴에 들어가라' 과연 그런가?

하지만 내가 아이들과 함께 한 10년을 통해 알게 된 것은, 동굴 안에는 호랑이가 없다는 것이다. 그것밖에 경험하지 못한 사람들이 오래된 신화를 퍼뜨리는 것일 뿐. 호랑이 없는 어두운 동굴에서 누가 누구를 찌르는지도 모르고 서로 치고받고 싸우고 있을 뿐. 좁고 어두운 동굴에서 어디로 가야 하는지도 모른 채. 호랑이는 이미 넓은 초원에 나갔는걸.

우리 아이들이 할 일은 '사랑(뭇 생명에 대한)과 자발성(스스로 옭아매지 않는)'과 '더불어 행복한 사람(공동체적 가치)'을 도구로서 양손에 들고 아무도 가지 않은 없던 길을 헤쳐가는 것이다. 거기서 호랑이를 때려잡는 것이 아닌, 뭇 생명과 어울려 함께 살아가는 방법을 모색해보라고 얘기해주고 싶다. 우리도 해보지 못한 것을 '할 수 있다'고 초원으로 등을 떠미는 것이 미안하기도 하고, 교사로서 너무 무책임하다고 할 수도 있을 것이다. 다만 바라기는 이 험한 세상에서 '그대 부디 사라지지 말아라.'*(박노해 시인의 시에서 인용)

아이들의 힘을 믿는다는 것

정종명(2학년 담임, 학생부)

나는 제천간디학교 2년차 새내기 교사이다. 지금 담임을 맡고 있는 2
학년 아이들과 1학년 때 함께 입학했고, 간디라는 공간에서 같이 적응
하는 중이다. 아직 다 크지 못한 초등학교 6학년 아이들이 부모님의
말을 믿고 오게 되거나, 여름 계절학교에서 재밌게 노는 경험을 하면
서 이 학교 다니면 공부 안 해서 좋을 것 같아 온 것처럼, 나도 공교육
이 마음에 들지 않던 중 간디학교라는 공동체를 서른이 거의 다 되어
서야 알게 되었고 여기 오면 왠지 답답하지 않은 새로운 삶을 살 수 있
을 것 같았다.

　하지만 오자마자 학교 형편상 담임을 맡게 되었는데, 준비가 되지
않은 나에게 무척 부담이 되었다. 아마도 내가 아이들을 정말 진심으

로 맞이할 수 있을까라는 의문이 들어서인 것 같았다. 결론부터 이야기하면 이 걱정은 괜한 우려였다. 아이들을 향한 마음은 의지나 결단에서가 아니라 서로의 삶을 자연스럽게 공유하면서 생겨나는 것임을 알 수 있었다. 아이들을 진심으로 사랑한다고는 아직 자신있게 이야기하지 못하지만 아이들이 보고 싶고 좋아지고 있는 내 자신을 느낄 수 있었다. 궁금했다. 이 마음은 어디에서 오는 것인지? 아이들과 잘 놀아서일까? 아이들과 수업을 잘 해서일까? 아이들에게 인기가 많아서일까? 모두 아니었다. 이유는 단순했다. 아이들이 마음 아파가며 성장하는 것처럼 나도 그 아이들로부터 배우고 성장하기 때문이었다.

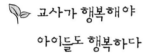

교사가 행복해야
아이들도 행복하다

내가 이곳에서 잘 살 수 있을까? 대학 때 내가 사는 지역을 떠나 새롭게 정착하는 과정이나 군대에서 보내는 때와는 많은 차이가 있었다. 왜냐하면 그곳은 내가 잠시 머물러 있다 떠나는 공간이고 내 주변에서도 쉽게 짐작할 수 있는 보편적인 공간인 반면에, 내가 살 이곳은 내가 앞으로 새로운 방식으로 쭉 살아갈 공간이기 때문이다. 그래서 잘 산다는 것은 내가 적은 돈으로 추운 시골에 와서 아이들과 부모님, 교사들과 잘 교감하며 신혼인 아내와 싸우지 않고 행복하게 살아가는 것을 의미한다.

아이들이 행복하게 자기 삶의 주인이 되어서 살기 원하는 것처럼 교사인 나부터 그렇게 되기를 노력했던 것 같다. 농촌인 이곳에서 흙을 만지고, 열매 맺는 모습을 보며, 효소도 담가보고 해서 이웃과 나누

아이들이 마음 아파가며 성장하는 것처럼 나도 그 아이들로부터 배우고 성장하기 때문이었다.

는 기쁨도 느끼고, 아이들과 풍물도 배워보고, 추운 겨울을 대비해 방풍비닐이며 연탄난로를 설치하는 경험이 내 생애 처음이었지만 자연스럽게 이 공간에 익숙해지는 과정이었다. 아직도 한 달에 몇 번씩은 도시의 화려한 공간과 문화생활이 그리워 나가기는 하지만 이곳에서의 재미가 하나둘 늘어가며 나가는 횟수가 차차 줄어들 것이라 예상한다.

 ## 아이들의 삶을
내 삶에 투영해보다

나도 이곳 시골에서 잘 살기를 바랐던 것처럼 아이들도 즐겁게 배우고 관계에서 편안한 공간이 간디학교가 되길 바랐던 것 같다. 하지만 부모들이 원하는 대로 아이가 커주지 않는 것처럼 교사가 할 수 있는 부분도 한계가 많았다. 아이들은 대부분의 시간을 수업공간이 아닌 생활하는 공간에서 보내고 학교 특성상 수업보다는 자신이 자유롭게 조직해서 보내야 하는 시간들이 많았다. 사람 수가 많은 이곳에서는 그러한 시간을 혼자보다는 친구들과 함께하는 경우가 더 많았다. 개인의 시간과 공간이 담보되지 않는 낯선 곳에서 당연히 처음 이곳에 온 아이들은 적응하기 쉽지 않았을 것이다.

그래서 그런지 유난히 부모님을 보고 싶어하고 집에 가고 싶어하는 아이가 있었다. 편안하게 쉬거나 기댈 곳이 없어 모든 것이 노출된 이곳에서 발가벗겨진 느낌이 들어 오히려 아이들과 친해지고 익숙해지는 것이 두려운 아이였다. 괜히 몸이 아프고 마음도 어느 순간 우울해졌다. 물론 예전에 며칠 동안 캠핑을 가며 부모와 떨어진 경험이 있었지만 그때는 며칠 후 다시 집으로 돌아올 수 있었던 반면, 여기는 며칠 후 다시 돌아오는 곳이다 보니 마음의 적을 두는 것이 어려웠던 것 같다. 결국은 주말마다 나가기도 하면서 하루 더 집에 있다가 올 수 있는 배려를 받았다.

나 또한 몇 년 전 그 동안 내가 살아왔던 주류의 세상에서 비주류의 세상으로 오기를 결정하면서 마음의 정리를 한참 동안 했던 것이 기억이 난다. 경력과 스펙을 쌓아야 하는 중요한 시기에 다른 비주류의 경험을 쌓는 것이 마치 돌아올 수 없는 강을 건너는 것은 아닐까, 그리고 내가 여기서도 실망하면 다시 원래 실망했던 그곳으로 돌아가게 되는 것은 아닐까 두려움과 불안이 엄습해왔다. 타협하는 삶을 더는 살지 않겠노라, 아이들에게도 나와 같은 삶을 살지 않게 하겠노라, 자신이 하고 싶은 것을 자유롭게 찾길 바라노라, 결심했던 것이 무색할 정도로 현실에서 특히 결혼 문제로 나의 이런 삶의 전환에 위기가 찾아오기도 하였다. 그때 함께 있던 선배 교사가 전해준 '아무리 실망해도 다른 길을 찾아야지 다시 돌아가지는 말아라' 하는 진심에서 우러나오는 한마디가 내가 이곳에 있게 한 원동력이 되었다. 결국 그 아이는 주말에 학교 일 친구 일로 집에 가지 않게 되었고 반장도 하고 유명무실해진 동아리를 살리는 중요한 역할도 하며 그 누구보다 잘 지내고 있다.

요즘 청소년들은 이런 아이가 많다고 한다. 자기조절에 실패하는 아이, 즉 스스로 감정을 인식하고 그것을 조정하는 능력이 부족한 아이, 분노가 많고 이것을 올바로 인식하고 통제하지 못하다 보니 왜곡된 형태로 감정을 푸는 아이. 우리 반에도 이런 아이가 있었는데, 처음에는 자신의 행동을 이해하지 못하는 것 같았다. 자신이 어떤 폭력적이고 거짓된 행동을 했을 때 아이들이 싫어한다는 것을 모르고 단지 이 학교 자체가 문제가 있고 잘 풀리지 않는 것에만 답답해했다.

하지만 당하는 아이들이 온전히 대응하며 표현하고, 또 그것을 옆에서 보고 있는 아이들이 불편해하고 걱정하는 모습을 보이면서 그 아이는 서서히 자신의 행동에 문제가 있다는 것을 알게 되었다. 자신의 분노와 어두운 부분을 인식하기 시작한 것이다. 나 또한 어렸을 때 맞벌이하는 부모 밑에서 자라 계속 바뀌는 보호자를 붙잡을 수 없는 상황에 대해 쉽게 나의 외로운 감정을 포기하고 대신 짓궂은 행동만 했던 것이 기억난다. 그리고 나이가 들면서 쓸데없는 감정적 소비를 금기시하게 되었다.

하지만 서서히 부자연스러운 내 모습의 원인을 인식하면서 나의 감정을 올바로 알고 풀어내는 법을 찾아나갔다. 결국 그 아이는 아직도 생각하는 만큼 몸이 따라오지 않지만 자신만의 방법으로 해소하며 자신을 바꾸어가려고 노력하고 있다.

인간은 누구나 인정받고 싶어하는 욕구가 있다. 하지만 사회는 그것을 순순히 용납하지 않는다. 왜냐하면 잘난 체하는 것은 재수없는 것이라는 인식이 청소년 시기에 강화되기 때문이다. 더 어렸을 때에는 그것을 인식하지 못한 것 같다. 나도 잘하고, 너도 잘하고 그것을 뽐내는 것은 자연스러운 것이라고 느낀다. 하지만 나이가 들면서 나는 잘해도, 네가 잘하면 배가 아파지기 시작한다.

특히 중학교 시기에는 감정의 지배를 많이 받기 때문에 직접 피해를 입지 않더라도 잘난 체하는 아이를 싫어하게 되고 그것을 행동으로 옮긴다. 학기 초에 이 아이도 인정받고 싶었던 것 같다. 아이들이 극구 말렸는데도 자신의 생각대로 추진하였고 잘 따라오지 않자 스트레스를 많이 받았다. 다른 아이들의 불만을 듣지 않고 자신의 생각을 밀고 나가는 과정에서 갈등이 더 심화되고 심지어 관계가 별로 없는 아이들조차도 무시하는 경향을 보이기 시작했다.

나 역시 어렸을 때부터 드러내기를 꺼려했던 기억이 난다. 특히 내가 잘하는 것을 남들이 칭찬하는 것 또한 진심으로 받지 못하게 된 것 같다. 아이들을 인정하고 칭찬하는 과정에서 조금씩 나에게 오는 칭찬을 받아들이게 되었으나 아직은 여전히 어색하다. 결국 이 아이는 이 시기를 겪으며 자신의 모습을 깨닫게 되었고 천천히 자신감을 회복해가는 중이다.

모든 것에는 이유가 있다고 한다. 그래서 문제가 있으면 그 이유를 먼저 찾는다. 이유에 대한 책임을 물으려 하기보다는 근본적인 원인에 대한 해결책을 찾아야 하기 때문이다. 이 아이의 행동에 대한 이유를 찾고 싶었다. 밝고 명랑하고 재능도 많은 아이이지만 계속 아이들의 눈치를 살피며 관심과 사랑에 늘 목말라 했다. 먼저는 선배들에게 관심과 사랑을 받기 위해 어리광도 부리고, 아픈 척도 하고 끊임없이 무엇인가를 요구했다. 그리고 그 사랑에 대한 요구는 점점 더 커지기 시작했다. 받은 만큼 주는 것이 중요한데 그러기에는 받고 싶은 마음이 더 컸던 것 같다. 선배들은 처음에는 귀엽고 사랑스러웠지만 지치기 시작했고, 이 아이는 다시 다른 대상과 친구들을 찾기 시작했다. 친구들도 지쳐감에 따라 멀어지자 실망이 컸던 것 같다. 급격히 우울해지고 화도 났지만 친구들한테는 그 이유를 이야기하지 않았다. 영문도 모른 친구들은 이런 모습이 반복되자 불편해지고 멀리하기 시작했다.

나 또한 사랑과 관심에 목말라 있었던 것 같다. 어렸을 때 부모님의 맞벌이로 거의 집에 혼자 남아 있게 되면서, 이해될 수 없는 돌발행동을 하고 사고를 많이 쳤던 것 같다. 나중에는 혼도 많이 나면서 내 감정을 숨기게 되었던 것 같다. 그래서 한동안은 나는 이성적인 사람이라서 감정은 중요하지 않게 생각한다고 나를 합리화했던 것 같다.

하지만 순간순간 감정의 모순으로 괴로웠던 내 자신을 받아들이면서 자연스럽게 나의 감정을 표현하는 것에 대해 고민하게 되었고 내 아내와 우리 아이들과 함께하면서 많이 좋아진 것을 느낀다. 이 아이도 어렸을 때 충분한 관심과 사랑을 못 받았을 것으로 생각한다. 지금이라도 사랑을 많이 받고 있는 그대로의 모습 자체가 사랑받기 충분한 존재라는 것을 알게 되기를 진심으로 바란다.

요즘 중학생들은 입학하거나 개학을 맞이하면 가장 먼저 하는 것이 서열 정하기라고 한다. 밀리지 않기 위해 욕과 거친 행동으로 자신을 과시한다. 또 장난치며 많이 친해지기도 하는데 수위조절이 안 되어서 알게 모르게 폭력으로 이어지는 경우도 많다. 특히 하루 종일 얼굴을 맞대고 있어야 하는 환경이라면 이런 불편한 상황을 스스로 감수해야 한다. 우리 반에서도 이런 것 때문에 특히 힘들어하는 아이가 있었다. 친구들과 어울리려면 서로 장난치며 먼저 받아주기도 하고 장난걸기도 해야 하는데 욕도 종종 하고 신체접촉도 있기 때문에 불편함을 느낄 수 있다. 또 때로는 장난이 심해져 폭력과 비슷한 상황으로 이어지기도 하기 때문에 마음이 여리고 바른 생활을 했던 아이가 받아들이기 힘들었던 것 같다.

나 또한 신체적 접촉을 별로 좋아하지 않았다. 축구나 농구가 그래서 별로 달갑지 않았던 것 같다. 장난도 별로 즐기는 편은 아니었다. 농담 정도 주고받는 정도였던 것 같다. 물론 더 어렸을 때에는 놀리기도 하고 때리고 도망치며 장난치기도 했던 것 같다. 하지만 나이가 들어가면서 하기도 싫고 횟수도 줄어들었다. 이 아이도 스스로 자기검열하며 자신을 변화시켰던 것 같다. 불편하고 괴로웠던 한 학기를 지내고 나서 자신도 아이들과 장난을 치며 즐기고 폭력과 감정 상함에 대한 관대함도 생겨난 것 같다. 지금은 자신의 감정을 잘 표현해가며 친구들과 사이좋게 지내고 있다.

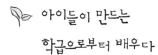

아이들이 만드는
학급으로부터 배우다

민주주의가 실현되는 학급, 거창하고 부담되는 모토이다. 하지만 내가 바라던 학급의 모습이었다. 모두의 개성이 존중받고, 서로의 힘을 믿어주며, 모두가 주인이 되는 공간을 만들고 싶었다. 하지만 이것은 나 혼자만이 할 수 있는 것이 아니었다. 우리 아이들을 포함한 학교 모든 구성원이 도와주어야 했다.

지금은 추억으로 이야기할 수 있지만 그 당시 내가 교사로 정말 힘들었던 첫 고비가 있었는데 바로 남자아이들 집합사건이었다. 학교에 막 들어온 아이들은 함께 살아본 경험이 없기 때문에 같이 살기 위해서 기본적으로 해야 할 청소나 자기 공간 정리들이 잘 되지 않았을 뿐만 아니라 선배들과 관계 맺는 법도 미숙했다. 무섭기도 하면서 잘해주거나 편하게 해주는 선배들과의 경계를 어떻게 설정해야 하는지 몰랐다.

　결국 심하게 장난치는 행동에 화가 난 선배들이 훈계를 한다고 남자아이들을 모았던 일이 있었다. 비폭력 학교라는 이미지에 해당 학생들은 물론이고 나 또한 부모들에게 어떻게 설명해야 하는지 걱정도 많이 되었다. 하지만 모든 구성원들이 모여 그 사건을 확인하고, 방법은 옳지 않았다는 것을 서로 이해하는 과정이 그동안 아이들이 만들어놓은 성숙한 문화가 있어서 가능했던 것이 아닐까 생각했다. 논리적이고 합리적인 것보다 더 강한 것은 오랜 기간 동안 만들어진 문화감성과 공감대라는 것을 다시 확인할 수 있는 사건이었다.

　아이들의 힘을 믿는 것, 유난히 말이 많고 자기주장이 강하던 우리 반은 학급회의 때 서로의 말을 들으려 하지 않아 도저히 진행이 되지 않았다. 답답한 마음에 학급회의 규칙을 알려줄까 하다가 아이들에게 맡겨보았다. 한 달 넘게 방황하는 것 같았다. 손들지 않고 중구난방 이야기하다가 손들고 이야기하는 것이 규칙이 되면, 이야기하기 전에 끼어든다거나 손을 계속 들고 있어서 이야기하는 것을 방해하기도 하고, 비슷한 이야기를 계속 반복해 회의가 무작정 길어지기도 하고 떠들거나 집중을 못할 뿐만 아니라 하기 싫다고 생떼를 부리기도 하는 것이 마치 공격, 수비, 골키퍼 없이 축구경기를 하는 것 같았다.

　하지만 시간이 점점 지나면서 회의가 진행되기 위해서는 손을 들고 이야기하고 다 들은 다음에 다시 이야기하고 중간중간 정리를 해서 비슷한 이야기를 모아야 한다는 것을 스스로 깨닫기 시작했다. '우리, 이렇게 하기로 했는데 왜 안 지켜?'라는 이야기가 오가기를 몇 번, 이제는 많이 안정되면서 아이들이 서로의 이야기를 들어야 하는 것을

각자의 상처와 아픔을 가지고 있겠지만 이것
을 서로 보듬어 주고 만져준다면 극복하며
더 성장할 것을 믿으며 오늘도 먼발치에서
아이들을 기다리며 도와주고 있다.

알게 된 것 같다. 어른의 시각으로 자꾸 간섭하는 것은 아이의 성장을 막는 것이라는 걸 알게 되는 소중한 일이었다.

해결하는 능력, 문제를 예방하는 것이 최우선이지만 억지로 되는 것은 아닌 것 같다. 이미 분위기와 문화가 자리잡고 있으면 아무리 이야기해도 공중에 퍼지는 메아리가 되는 것 같다. 학교 음주 문제가 이와 비슷했다. 학급 엠티나 학교 밖 체험프로그램을 할 때 술을 먹지 않으면 멍청이가 되는 분위기가 있었다. 아이들은 좋은 것보다 안 좋은 것을 더 빨리 배운다고 마치 이 이야기가 진리로 받아들여졌던 것 같다. 아니나 다를까 결국은 학급 엠티 때 치밀하게 술을 준비해서 마시게 되었다. 그러나 꼬리가 길면 잡히는 법, 결국 들키면서 새벽에 모든 친구들이 다 일어나 긴 시간 회의를 했다. 어떻게 술을 구했으며, 어떻게 마시게 되었는지, 또 술을 마시도록 방관한 아이들은 어떻게 해야 하는지까지 순간의 유혹을 참지 못해 마신 이 사건이 여러 사람에게 피해와 불편함을 준다는 것을 알았다. 결국 몇 년 동안 계속 되었던 학교 밖 체험프로그램에서의 음주를 막을 수 있는 계기가 되었다. '나만 안 마시면 되지.'라는 개인적인 생각을 넓혀 '이런 분위기에서는 나도 마시게 될 수 있지. 그래서 나도 관심을 가져야 돼.'를 판단할 수 있는 수준까지 오는 것을 보고 문제 자체를 처리해야 하는 과제로 보는 것이 아니라 성장하는 기회로 삼을 수 있다는 것을 배울 수 있었다.

아이들이 커가는 것이 즐겁다

얼마 전 계속되는 도난사건에 반성

하고 양심이 돌아오길 촉구하는 형들의 단식투쟁에 참여해보겠다고 자신의 이름을 올리던 귀여운 우리 아이들, 학급 소풍비 벌겠다며 그동안 해오던 수익사업이었는데 이번에는 학교에서 고등교육관 건축 관련해서 돕겠다며 쌈짓돈 털어가며 보태는 아이들. 아직 연대활동과 참여활동에 대한 이해는 부족하겠지만 주변 쌤들과 선배들 모습을 보며 배워가는 것 같다. 나는 이런 아이들을 보며 가르쳐주기보다는 배우는 것이 많다는 생각이 든다. 각자의 상처와 아픔을 가지고 있겠지만 서로 보듬어주고 만져준다면 극복하며 더 성장할 것을 믿으며 오늘도 먼발치에서 아이들을 기다린다.

아이들의 힘을 믿는다는 것

교내 생활을 결정하는 '가족회의'

황선호(고등멘토, 교무)

'가족회의'. '가족'이라는 말과 '회의'라는 이 두 단어의 조합이 참 어색하다. 그만큼 가부장적인 사회에서 살았다는 이야기일까? 가족의 일을 결정하고 진행하는 데 부모 이외의 모든 구성원이 함께 의논하고 결정한다는 것이 나에겐 조금 어색한 모습이었는지 모른다.

그렇게 조금은 낯선 모습의 회의에 처음 참석했던 2005년, 봄이라 하기엔 조금 추웠던 어느 날이 떠오른다. 작은 강당에 삼삼오오 모여 앉아 서로 떠들고 장난치고 어수선한 가운데 교사와 학생들이 하나둘 모여들고 질서나 체계하고는 전혀 어울리지 않는 분위기였다. 사람들이 둘러앉고 3학년(그 당시는 중3이 최고 학년이었다) 학생회장이 "가족회의를 시작하겠습니다."라는 한마디와 함께 다함께 부르던 노래 〈바

2부 너와 내가 함께 서는 학교

위처럼〉. '왜 이 노래를 부르지?〈꿈꾸지 않으면〉도 아니고' 조금은 이 상했지만 아이들이 밝고 힘차게 부르기엔 이 곡이 더 적합하다는 생각도 했던 것 같다.

바위처럼 살아가보자, 꿈을 꾸기보단 바위처럼 살아가는 것이 더 급한 당면과제였는지도 모르겠다. 그렇게 아이들은 노래를 부르고 분위기는 점점 더 진지해졌다. 가족회의에서는 같이 살아가면서 일어나는 학생들 간의 분쟁을 조정하고, 규칙을 만들며, 그 규칙이 잘 적용되고 있는지 이야기한다. 또한 규칙을 지키지 못한 아이들에게 어떤 벌칙을 줄지 결정하고, 일정을 공유하는 등 내가 학창시절 학교에서 접했던 형식만 남아 있던 학급회의와는 근본적으로 다른 분위기였다. 이런 가족회의는 내가 정말 다른 집단에 와 있구나 하는 생각을 하기에 충분한 문화적 충격이기도 했다.

나도 그 가족회의 분위기가 조금은 편안하게 느껴지기 시작했던 어느 여름날이었나? 새롭게 올라온 안건 때문에 불편해지는 일이 벌어졌다. 한 1학년 학생이 "왜 학생은 1주일에 두 번 식사당번을 하는데(그 당시는 사람도 적었고 식사당번이 모든 식기 설거지를 하던 때라 노동의 강도도 높았다) 교사들은 1주일에 한 번 그것도 2개조로 하니 2주에 한 번 식사 당번을 하죠? 똑같이 밥 먹으니 똑같이 식사 당번 하는 것이 맞는 것 아닌가요?" '흠 이건 뭐지? 교사가 식사당번에 참여하는 것을 나는 약간의 퍼포먼스쯤으로 생각하고 있었던 걸까? 아니면 교사가 이 정도 해주는 것도 대단히 훌륭한 것 아닌가? 하는 생각을 하고 있었던 걸까?'

그 아이의 발언은 교사는 대접받아야 한다거나, 우러러봐야 하는 대상이라는 생각 혹은 교육자와 피교육자는 달라야 한다는 나의 고정관념을 명확히 도드라지게 하는 검정색 글씨 아래 깔린 흰색 도화지 같았다. 잠시의 혼란 뒤에 이 안건이 어떻게 처리될지가 궁금해지기 시작했다. 다른 선배 교사들은 어떤 생각을 하고 있을까? 다른 학생들도 이 이야기에 공감하는 걸까? 교사들의 반응은 너무도 당연하다는 듯이 좋은 의견이고 교사들이 미처 생각하지 못한 부분이었는데 잘 지적해주었다며 앞으로 조정해서 횟수를 늘리도록 하겠다는 이야기가 이어졌다.

'저게 진심일까?' 이런 생각이 내 머리를 스치던 순간 한 3학년 아이가 선생님들 많이 바쁘시고 점심시간에 회의도 많고 우리를 위해 노력하는데, 1주일에 한 번 식사당번 하는 것도 고맙게 생각하고 우리랑 똑같이 하기를 원하는 것은 욕심이라는 이야기를 했다. 그순간 내 머릿속에선 '그렇지 그게 정답이지.' 하지만 이미 회의 분위기는 교사들의 식사당번을 늘려야 한다는 쪽으로 기울어 있었다. 특히 대다수 교사들이 그렇게 하는 것이 옳다는 입장을 표명한 마당에 몇몇 '제자는 스승의 그림자도 밟는 게 아니다.'라는 생각으로 무장한 아이들의 주장은 그저 "나는 착한 아이예요"라는 범생이표 립서비스 그 이상도 이하도 아닌 무게로 흩어지고 있었다. 그 후 교사들의 식사당번은 더 늘어나 주 2회가 되었고 내가 이 상황을 아무렇지 않게 당연한 일로 받아들이는 데는 조금의 시간이 더 필요했다.

그렇게 가족회의가 내 생활의 일부가 되어가고 아이들의 자유로운 분위기가 더 이상 어색하게 느껴지지 않을 무렵은 아마도 내가 2년차 교사로 살아가던 즈음인 것 같다. 가족회의에서 아이들 사이의 폭력

가족회의에서는 같이 살아가면서 일어나는
학생들 간의 분쟁을 조정하고, 규칙을 만들며,
그 규칙이 잘 적용되고 있는지 이야기한다.

문제가 안건으로 자주 다루어지고 교사들 사이에서도 한번쯤은 분위기를 바꿔볼 필요가 있다고 판단하던 차에 학생회에서는 무기명으로 자신이 당한 폭력(간디학교에서는 물리적·언어적 폭력을 포함한 더욱 광범위한 내용들을 폭력으로 간주하고 있다.)을 쪽지에 적어 그 내용을 공유하고 우리의 잘못을 반성하고 바로잡아 보자는 제안이 있었다. 쪽지가 돌고 그 내용을 공유하는 시간, 학생들 사이의 사소한 다툼부터 선후배간의 위계문제 혹은 친구들 사이의 관계문제까지 다양한 이야기들이 나왔다. 그렇게 자리를 지키고 앉아 있던 중 전혀 예상치도 못했던 순간에 내 이름이 나오고 나에게 폭력을 당했다는 이야기가 들렸다. '이건 뭐지?' 커다란 망치가 내 머리를 때리는 느낌과 함께 내용을 파악하고자 애쓰던 내 기억 속에 지난 무빙스쿨(간디에서는 매년 3주 정도의 학교 밖 체험학습을 진행한다.) 때의 일들이 스쳐갔다.

학생들과 24시간 함께 생활하고 모든 프로그램을 소수의 교사가 책임지고 진행해야 하는 무빙스쿨은 학생들이 얼마나 잘 참여하느냐가 프로그램의 성패를 좌우할 만큼 중요한데 유독 한 녀석이 프로그램에 협조적이지 않았다. 다른 친구들은 같이 갔던 다른 교사와 프로그램을 시작하려 이동하고 있는데 시무룩한 표정으로 차에서 내리지도 않고 말없이 앉아 있기에 어디 아프냐고 물어도 대답이 없고 아픈 것 아니면 빨리 가자고 재촉해도 묵묵부답. 우리를 기다릴 다른 사람들 생각에 몸도 달아오르고 화도 많이 났던 기억이 났다. 아마도 큰 소리로 야단을 치거나 했던 것 같은데 그때 일이 자기에겐 큰 폭력으로 다가왔다는 것이다.

머릿속이 복잡해지기 시작했다. 내가 어떻게 했어야 옳았을지를 생각하기도 했지만 지금 이 순간 난 무슨 말을 해야 하는 것일까? 쪽지에 정확하게 설명되지 않은 당시 상황을 설명하고 나의 무죄를 강변해야 하는 건가? 아니면 폭력으로 느낀 그 친구의 심정을 모두 공감해주고 진심으로 사과해야 하는 걸까? 내 선택은 후자였다. 장황한 설명은 필요 없었다. 무조건 나의 잘못이라 인정하고 그 친구에게 사과하려 했다.

"그때의 일이 너에게 그렇게 폭력적이라 느껴졌다면 내가 정말 잘못한 것 같다." 이렇게 시작하려던 나의 말은 이 짧은 문장 반도 가지 못해 북받쳐 오르는 나의 눈물에 떠내려가고 말았다. 이후 몇 번 더 사과의 말을 마무리하려고 노력했지만 이미 터져버린 수도꼭지였다. 아이들 앞에서 그렇게 우는 내 모습이 지금도 잘 그려지지 않지만 그땐 그랬다. 어떤 마음이 날 그렇게 울게 만들었을까? 진심으로 나 때문에 상처받았을 그 아이에게 미안해서였을까? 지금도 많이 반성하는 부분이긴 하지만 그땐 미안하다는 마음보다는 서운한 마음이 더 컸던 것 같다. 내 마음을 몰라주는구나, 나의 노력이 이렇게 평가될 수도 있구나하는 서운한 마음을 말과는 다르게 눈물로 표현했던 것 같다.

내가 간디에 처음 와서 좌충우돌 뭐가 뭔지 잘 모르겠던 시절에 날당혹하게 만든 것 중 하나가 바로 가족회의였다. 앞에 이야기한 두 가지 에피소드 모두 지금 생각하면 얼굴이 붉어지는, 기억에서 지워져도 좋을 것 같은 이야기들이다. 하지만 내가 간디에서 간디인으로 살아가면서 차근차근 변해가는 모습의 시작점 같은 이야기이기도 하고지금의 내 모습, 내 생각과의 차이를 극명하게 보여주는 확인점 같은이야기이기도 하다.

머리로는 교사와 학생은 수평적 관계여야 한다고 이야기하지만 그 생각을 실천할 생각도 마음도 없었던 나이기에 식사당번 똑같이 하자는 1학년 아이의 이야기가 고깝게 들렸을 테고 세상의 모든 폭력을 거부한다고 선언하며 상대가 폭력이라고 느꼈다면 나의 행동이 선의이건 교육활동이건 폭력이 될 수 있다고 주장하면서도 막상 나의 일이 되었을 땐 미안함보단 서운함이 앞섰던 내 모습을 확인할 수 있게 해준 것이 가족회의였다.

그럼 우리 간디의 가족회의가 가지는 힘은 어디서 나오는 것일까?

나는 단언코 자유로움에서 나온다 생각한다. 가족회의 내에서 정당한 나의 이야기를 듣는 상대가 내 말을 이유로 나에게 피해를 주지 않을 것이라는 믿음. 이 믿음이 나를 자유롭게 하고 그 자유로움이 평화 사랑 비폭력을 이야기할 수 있게 하는 것이라 생각한다.

"샘들도 학생이랑 똑같이 식사당번하세요."라고 이야기했을 때 "뭐 이런 놈이 있어?" 하면서 화를 내거나 "너 식사당번 더 빡세게 하고 싶어서 이런 말 하는 거지? 그렇게 만들어줘?"라며 협박하거나, "그걸 말이라고 하니?"라면서 핀잔을 주거나 하는 분위기라면 다양한 이야기와 생각들은 표현되거나 모아지지 못할 것이다.

우리 주변을 보면 이것은 자명한 이야기인 듯하다. 강정마을을 지키자는 이야기에, 밀양 송전탑을 반대한다는 이야기에 고소 고발로 겁주고 벌금으로 협박하고 매스컴으로 핀잔주는 것이 지금 우리의 모습이다. 사람들은 옳은 이야기라고 생각하면서도 말하거나 행동하는 것을 주저하게 된다.

물론 우리 가족회의가 항상 옳은 방향으로만 나아가는 것은 아니다. 때론 역주행하기도 하고 갈지자로 갈팡질팡하기도 하며 넘쳐나는 말들로 서로 상처주기도 하지만, 우리는 '가족'이라는 믿음이 이 모든 갈등을 풀어주고 나아갈 방향을 밝혀준다. 우리 가족회의가 겁주고 협박하고 핀잔주는 분위기가 아닌 자유가 넘치는 곳이기에 나는 가족 회의를 통해 내 안에 켜켜이 쌓여 있는 위계질서와 폭력성의 맨얼굴을 마주볼 수 있었고 수평적 관계의 편안함을 배웠으며 진정한 비폭력의 자세를 지향할 수 있었다.

가족회의는 그렇게 우리를 자라게 해주었다.

교내 생활을 결정하는 '가족회의'

나와 남을 잇는 '주'를 여는 시간

송민혜(2학년 부담임, 행사부)

학창시절 월요일 아침이 정말로 싫었던 여러 가지 이유가 있다. 달콤한 주말을 보내고 다시 학교로 가야 하는 월요병 때문이기도 했고, 밀렸던 숙제를 주말에 다 끝내지 못한 두려움과 동시에 아침부터 운동장에 종일 서 있어야 했던 월요일 조회 때문이었다.

그중 단연 싫은 것은 아침 조회시간이었는데 이 시간을 떠올리자면 가장 먼저 생각나는 것이 긴 시간, 여름에는 뙤약볕에서, 또 겨울에는 추운 바람을 맞으며 교장선생님의 학생 배려 따위는 모르는 훈화말씀을 듣고 서 있다가 한여름 뙤약볕에서 누군가가 쓰러져 실려나가면 그제야 끝이 나고는 했기 때문이다. 또 그 주에 조회 때문에 모여 있다가 교장선생님의 훈화 말씀이 짧은 날에는 전교생이 우레와 같은 박

2부 너와 내가 함께 서는 학교

수를 보내기도 했다.

이처럼 월요일 조회 때의 교장선생님 훈화 말씀은 아이들에게 한 주의 운을 좌우하는 큰 역할을 하기도 했는데, 요즘은 학교마다 방송시설이며 대강당들이 있어 교실에 앉아서 듣기도 하고 강당에서 꾸벅꾸벅 조는 기회를 마련해주기 때문에 월요일 아침조회를 좋아하려나? 모르겠다.

아마 대한민국의 모든 학교가 이러한 월요일 아침에 단체 행사를 할 것이라 생각되는데 제천간디학교에서도 이와 비슷한 월요일 아침 특별 모임이 있으니 이것이 바로 '주를 여는 시간'! 우리는 이것을 줄여 '주여'라고 부르는데 처음 듣는 사람들은 혹시나 제천간디학교가 '기독교 학교'라고 생각할 수도 있겠다. 허나 전혀 그 '주'와는 관련이 없다는 것!

주를 여는 시간(이하 주여)이란 제천간디학교에서 생활하는 모두가 (교사+학생) 월요일 아침 대청소가 끝나면 모여서 어떤 주제라도 상관없이 자신의 이야기를 노래나 춤, PPT 등 장르에 구애받지 않고 자유롭게 발표하는 것을 말한다.

주여는 전교생 모두가 많은 사람 앞에서 발표하는 능력을 향상시키고 다른 사람의 발표도 집중해서 들어주는 한 시간의 짧은 행사이지만 그 안에서 구성과 기획도 해보는, 마치 아이들의 자치활동 같아 보이나 필수과목 1학점이 부여되는 중요한 과목이다.

잘만 하면 주여에서 아이들이 무대공포증을 없애기도 하고 무대에 서고 싶어하는 아이들의 좋은 연습공간이라고 생각된다. 실제로 그렇게 활용하는 친구들도 있고 말이다.

🌱 1. 과. 사. 털.

10년 전 간디학교의 주여를 내가 보질 못해 뭐라 말할 수는 없으나 요즘 주여의 형태는 자신있게 말할 수 있는데 요즘의 대세는 아무래도 PPT이다.

그냥 말로 할 때보다 아이들이 좀 더 집중도 잘하고 발표하는 사람도 발표를 더 잘 할 수 있기 때문일 것이다. 그러나 이놈의 PPT 때문에 신조어가 생기기도 하는데 이름하여 '과. 사. 털'(과거 사진 털기의 줄임말) 아이들이 할 것이 없으면 항상 하는 것이 이 과사털이란 말이다. 이것이 심하면 한 학기에 50퍼센트를 과사털로 보내기도 한다.

교사 입장에서는 지양했으면 하는 것이 이 과사털이다. 아이들도 안다. 너무 심하게 많이 하니 자제해야 한다는 것을. 그러나 어쩔 수가 없다. 6년 과정 동안 6학년 때만 빼놓고 무려 다섯 번을 해야 하기 때문에 참 부담이라는 것을……. 어쩔 수 없이 5년 동안 한 번은 나오게 되는 것 같다. 그래서 지양하자고 학기 초에는 강력히 말해도 아이들이 가져오면 그냥 그러려니 하는 것이 이 과사털인 것 같다. 물론 나도 한번은 해야지 하고 생각하고 있다.~~ㅋㅋ

🌱 2. 노래하는 주여

두 번째로 많이 하는 것이라고 한다면 단연 '노래로 하는 주여'이다. 아이들은 많은 사람 앞에서 노래하는 것을 굉장히 쑥스러워한다. 만약에 그 아이가 자신이 노래를 잘 못 부른다고 생각한다면 더더욱 그럴 것이다. 그러나!! 우리 학교 아이들 중에 노래로 주여를 하는 아이들 몇몇은 이런 멘트를 날리면서 노래

주여는 전교생 모두가 많은 사람 앞에서 발표하는 능력을 향상시키고 다른 사람의 발표도 집중해서 들어주는 한 시간의 짧은 행사이다.

를 한다.

"여러분 이게 저의 마지막 주여입니다. 마지막인 만큼 노래로 하고 싶었어요." 이렇게 멘트를 날리는 것은 무조건 5학년!!

5학년 아이들은 4년 동안 과사털도 하고 이것저것 쥐어짜서 주여하다가 5학년이 되면 왠지 모를 '이제 이번이 마지막이겠구나' 하는 막연한 초초함으로 인하여 자신이 생각지도 못한 끼를 만만한 주여시간에 마구마구 발산한다. 그래서 평소에 조용하던 아이가 '저 친구가 저런 아이였나?'라고 생각할 만큼 앞에 나와 터프하게 노래를 한다든가 아니면 의외로 굉장히 가창력이 뛰어나서 우리를 놀라게 하는데 이것이 계기가 되어 몇몇 친구들은 다른 무대에 서기도 하는 좋은 기회가 된다. 그리고 또 보는 사람들도 의외의 친구들이 노래하는 것을 좋아하기도 한다. 아무래도 다음 무대들이 부담이 없어서 그런가?

여튼 노래에는 내가 하고 싶은 메시지도 담을 수 있고, 멜로디가 부담이 없다면 한 주를 여는 데 큰 활력소도 되고 좋은 아이템인 것만은 틀림없다. 좀 더 많은 아이들이 자신의 목소리로 자신있게 노래를 할 수 있었으면 좋겠다.

🌱 3. 춤추는 주여

요즘 주여를 보다 보면 아쉬운 것이 하나 있는데 그것이 바로 이 춤추는 주여가 없다는 것이다. 물론 이 춤추는 주여를 하려면 내가 나를 많이 내려놓아야 하는 작업이 필요하여 어렵다는 것은 알겠다. 그러나 이 춤추는 주여를 보고 나면 모든 사람들이 기분이 좋아진다. 하지만 이제 그 누가 춤추는 주여를 할 것인

잘만 하면 주여에서 아이들이 무대공포증을 없애기도 하고 무대에 서고 싶어하는 아이들의 좋은 연습공간이라고 생각된다.

가…… 나부터 하라고 하면 아마 못할 것이다. 주여 때 자신의 끼를 맘껏 발산하고 더불어 남을 즐겁게 해줄 수 있는 누군가가 나타나기만을 바라야 하는 걸까?

2012년만 해도 교장쌤인 손쌤과 그의 수제자 박종은 양이 그 역할을 잘 해주었다. 그 주여를 보면 참 즐거워졌었는데, 이제 그 누구가 그 역할을 대신 해줄 것이란 말인가!

🌱 4. 신종 주여

노래, 춤, PPT 등 다양한 주여의 형태가 있지만 요즘 저학년에서 보이는 신종 주여는 그야말로 파격이다.

요즘 저학년 사이에서는 뮤직비디오 만들기, 드라마 만들기가 유행하고 있다. 여러 가지 스마트 기기들 덕분에 아이들의 기술도 날로 발전하는데, 학교의 동아리 중 '빨간비디오'의 부활과 다양한 활동으로 아이들의 동영상 제작 속도나 퀄리티가 날로 높아지고 있기 때문이다. 그리하여 요즘 주여 때 열에 하나 둘은 동영상 제작이 많이 차지한다. 그것도 저학년에서…….

내용인 즉슨 남녀간의 사랑, 이별이 주를 이루는데 풍자가 심하고 과장이 많이 되어 진짜 웃기다. 배꼽이 빠진다. 내가 아는 아이들이 뻔한 공간에서 너무 말도 안 되는 막장 드라마를 찍는가 하면, 누가 봐도 학교인데 동영상에서는 호프집으로 변하기도 하고 갑자기 공항이 되기도 하니 너무 웃길 수밖에…….

그러나 정말 지지하고 칭찬해주고 싶은 점은 많은 시간과 노력을 들여 주여에 기여하고 있기 때문이다.

또 하나 신종 주여라고 할 수 있는 것은 아이들이 주여 속에서 연기를 보여준다는 것이다. 동영상을 통해서가 아니라 연기를 하고 뮤직비디오처럼 노래를 하는 그런 복합적인 형태의 주여를 또 저학년에서 보여주고 있다. 머리가 좋은 건지 아니면 괴짜녀석들이 많아서 그런 건지 생각지도 못한 주여다.

"무슨 생각으로 그런 주여를 기획했어?" 물어보면 "망가질 거예요."라고 대답한다. 정말 주여를 위해 내 몸 하나 불사르는 아이들을 보면 주여 담당교사 입장에서는 너무나 기특하다. 신종 주여라고밖에 표현할 말이 없다.

이처럼 어떻게든 부담일 수밖에 없는 주를 여는 시간을 5년 간이나 해야 하는데도 묵묵히 잘 해내는 아이들이 너무 대견하다. 물론 이렇게 대견한 아이도 있는 반면에 자신이 주여를 발표할 시간임에도 불구하고 발표를 다음으로 미루는 아이들이 꽤나 많은데 그 이유는 이러하다.

①오늘이 자신의 주여인지 몰랐다. ②주제를 아직 못 정했다. ③아직 덜 만들었다. ④완성도를 높이기 위해서 오늘 발표하는 것은 무리다. ⑤그냥……

나는 지금까지 주여 담당교사를 하면서 이러한 이유로 주여를 무려 5주간 미루는 아이를 본 적이 있다. 참으로 대단하다. 5주간 발표를 미루다 발표를 보면 기껏 이거 하려고 미뤘나? 이런 생각마저 들 때가 있는데, 이처럼 주여는 교사나 학생이나 모두에게 부담인가 보다.

이렇게 아이들과 교사가 모두 동등한 입장에서 참여하는 수업인 주

나와 남을 잇는 '주를 여는 시간'

를 여는 시간. 우리 학교 교육과정에서 참 의미 있는 수업이라고 생각된다. MC를 보는 아이들이나, 발표하는 교사나 아이들이나, 또 그것을 남 일 같지 않은 시선으로 보는 아이들과 교사가 서로 같은 마음이니만큼 더 공감할 수밖에 없는 것······ 그것이 바로 주를 여는 시간의 묘미라 할 수 있겠다.

Forever 주여~~~ Oh~~~ 주여~~

스스로 서고 더불어 사는 아이들

강미리(생활교사)

황홀하고 알싸한 겨울 느낌이 조금씩 사그라드는 때면 땅 모퉁이 풀 친구들보다도 먼저 얼굴을 내미는 아이들이 하나둘 하늘마루를 찾는다. 그들 중 가장 반가운 이들이 있으니 바로 새내기 친구들! 추위를 녹여줄 만큼의 활기, 참새는 저리 가라 할 정도의 재잘거림, 선배들의 눈꼬리를 가장 높이 치켜세우기에 충분한 수다, 운동장 축구공보다도 빠르게 굴러가는 초롱한 눈동자, 돼지가 먹다버린 수박 껍질만큼의 눈치, 하늘땅 별땅 모두를 보태어도 부족한 식욕, 1층과 2층 사이를 평지보다도 빠르게 오르내리는 신의 능력을 부여받은 걸음걸이, 간담회 최대 참여 기록 등을 보유할 수밖에 없는 그 아이들의 풋풋함이 새싹보다도 먼저 기숙사 벽에 색을 입힌다. 등 돌린 가족도 그리워지게 만드는 낯선 환경 속으로 들어오는 아이들을 보며 새로운 여섯 번의 봄, 여름, 가을, 겨울을 함께할 인연에 설레면서도 통과의례처럼 겪게 되는 수많은 일들과 마주할 아이들이 애처로워 보이기도 한다.

기숙사? 생활관? 여러분은 어떤 이미지가 떠오르는가? 간디에 오기 전 처음 해보는 생활교사라는 역할과 다른 기숙학교들의 생활관 모습이 궁금해 검색을 해본 적이 있다. 기숙사, 기숙학교에 대한 긍정의 말은 찾아볼 수 없이 대부분이 규율, 강제를 동반한 뭔가 통제된 분위기만 감지되는 것에 당황했었다. 행복한 기숙학교의 아이들 모습이 담긴 다큐 한 편을 보고서야 간디의 하늘마루도 그러했으면 하는 기대와 당장 마주하게 될 아이들의 사생활을 교차시키며 부푼 꿈을 안고 간디에 첫발을 내디딘 지 어언 6년째다. 그 숱한 세월 동안 변화된 아이들 모습을 떠올리며 글로 정리하자니 너무 많은 이야깃거리에 두서가 잡히지 않는다.

누구나 집을 떠나봤던 경험이 있을 것이다. 여행이 목적이었든 일이 목적이었든 많은 긍정의 감정을 두고서도 간혹 밀려오는 외로움과 두려움은 떨쳐버릴 수가 없다. 하물며 6년을 살겠다고 들어오는 아이들의 심정은 어떻겠는가. 그 어느 것도 상상 이상일 것이다. 이렇듯 자신의 삶을 꾸려가겠다 마음먹은 아이들의 변화무쌍한 일상은 어떠할지 한번 들여다보기로 하자. 간디 생활관은 '하늘마루'란 애칭으로 더 불리니 다음 글에선 하늘마루로 칭하겠다.

하늘마루 입소는 오후 4시를 시작으로 한다. 일과시간 중에는 올라오지 않기로 약속했기 때문이다. 대부분의 아이들은 밥 시간을 기다

모든 형태의 마음속 감정들이 가장 많이 생성되고 소멸하는 곳이 바로 하늘마루, 삶의 공간이다.

아무리 공동체 생활을 하겠다고 약속하고 왔
다 해도 실제로 경험하는 생활은 녹록지 않
다. 내 개인의 취향은 공동체라는 이름하에
자주 묻힌다.

리며 학교에 머물다 올라오지만, 개중에는 이러저러한 이유로 이때부터 한둘씩 올라오게 마련이다. 보통은 혼자만의 시간을 필요로 하는 아이들이나 피곤한 아이들이다. 6시가 넘어서면 저녁 먹은 아이들이 하나 둘 올라오기 시작한다. 더불어 간식 차 소리와 함께 아이들이 오매불망 기다리는 간식을 나눠주는 간당(간식당번)들의 흥겨운 재잘거림이 만광(만남의 광장) 안에 가득하다.

이후 7시가 되어 묵당(묵학당번)의 "묵학하세요~"라는 소리와 함께 두 시간의 개별시간이 주어진다. 각자 방으로 돌아가 자신만의 일을 조용히 수행할 수 있는 시간이다. 이 묵학시간은 혼자 있기 버겁거나 심심해하는 아이들에게는 지옥의 시간이다. 아무것도 할 일이 없는데 방에 멍하니 있는 것은 싫고, 편한 이들과 수다를 떨고 싶은데 다른 방을 돌아다녀야 하니 이러지도 저러지도 못하며 갈팡질팡하다 결국은 잠이 들거나 묵당의 눈을 피해 스릴만점 친구 방 드나들기에 도전하게 된다. 이럴 때 가장 만만하고 둘러대기 좋게 시간을 때울 수 있는 곳이 생활 교사방이다.

위에 말한 것은 중등 아이들 이야기고, 고등 정도가 되면 시간을 쪼개어 쓰기도 바빠 절대적인 자기 시간을 가질 수 있는 묵학시간의 소중함을 몸으로 느끼게 된다. 아~ 옛날이여~ 철없던 시절 무수히 흘려버렸던 묵학시간을 타임머신을 타고서라도 가져오고 싶다는 울부짖음이 많은 이유다. 푹 쉬던 아이들이 피곤이 풀릴 때쯤이면 귀차니즘이 몰려오면서 램프의 요정 '지니'가 애타게 그리워지는 9시 청소시간이다.

늘 깨끗한 하늘마루를 갈망하면서도 내 손으로는 하기 싫다. 하루

종일 지친 몸으로 빗자루를 들고, 걸레를 미는 일이 여간 귀찮고 힘든 게 아니다. 대충 하기도 하고, 신나게 놀이처럼 하기도 하고 같이 하는 사람이 지칠 만큼 요술봉을 들이댄 것처럼 반짝반짝 빛이 나게 바꿔 놓기도 한다. 길면 길고 짧으면 짧은 청소검사가 마무리될 즈음이면 남자 생활교사방 방송장비는 최대의 사랑을 받게 된다.

각종 동아리 모임, 반모임, 주프(주제프로젝트)모임, 학생회모임, 과제모임 등으로 만광(만남의광장)과 다목적실, 비방(비밀의방)은 아이들 세상이다. 모임 대기자들이나 심심한 아이들은 생활 교사방을 기웃거리며 들락거리던지 아예 눌러앉아 다양한 아이들과 수다삼매경에 빠진다. 이때 종종 상담을 받고자 하는 아이들이 연애하자고(상담이란 말이 무거워 가볍게 접근하고자 상담시 '연애중'이란 표식을 방문 밖에 걸어둔다) 신호를 보낸다.

이야기의 경중을 따져 즉시 아이들을 보내고 상담을 하거나 취침 이후로 약속을 잡고 다시 아이들을 관찰하거나 이야기 꾸러미 속으로 함께 들어간다. 드디어 피곤하지만 외로움 탈출구인 생활교사방을 나가야 하느냐 마느냐, 다시 만날 시간을 잡아야 하느냐 마느냐로 갈등하게 되는 '취침시간' "방으로 돌아가세요~"라는 취당(취침당번)의 낭랑한 목소리와 함께 여기저기서 아쉬운 소리들이 섞이기 시작한다. 늘 외로운 아이들이 헤어지기 싫어 내뱉는 탄식조의 운율만으로도 아이들의 잠자리가 쉽게 펼쳐지지 않음을 느낄 수 있다.

방불도 꺼지고 은은한 스탠드 조명빛이 어두운 복도 사이사이에 정류장처럼 자리잡는다. 남녀가 섞여 떠들썩했던 만남의광장도 두 생활교사방 창문 넘어 새어나온 불빛을 조명 삼아 몇몇 아이들의 대화의 공간으로 할애된다. 물론 소곤거려야 한다. 그러나 이 시기의 아이들의 자제력이란 장담할 수 없지 않은가. '소곤거리다'의 뜻을 각자 해석을 달리하다 보니 늘 '떠들썩하다'에 근접한 소리를 내고 있다. 한 서너 번쯤 검지를 입에 가까이 대는 시늉을 하고 반복학습(?)을 시킨 이후에야 깊은 밤 풀벌레 소리와 어울리는 운율이 나온다. 새액~새액~ 키드득~키드득~

자! 이제 좀 그림이 그려지는가? 아이들은 이 패턴을 졸업 때까지 반복에 반복을 한다. 지겨울 법도 하지만 늘 다사다난한 일의 연속이다 보니 지겨울 틈도 없는 듯하다. 말랑말랑하게 쓰여진 윗글만 보면 도대체 힘들어하는 아이들은 어디에도 없어 보이는데, 과연 그 힘든 아이들은 어디에서 만날 수 있을까.

"똑똑! 샘. 상담이 필요해요. 친구가……" 생활교사의 일 중 가장 많은 부분을 차지하는 일이 아이들과 만나는 일이다. 같이 일상을 공유하며 수다도 떨고 간식을 나눠 먹으며 만나기도 하지만 개인의 고민을 진중히 나누며 갖는 만남이 적게는 몇십 분에서 많게는 몇 시간을 넘기기도 한다.

아이들은 바쁘다. 몸이 바쁜 아이, 마음이 바쁜 아이, 몸과 마음 모두가 바쁜 아이 등 느긋하게 자연과 한 몸으로 이 시골생활을 만끽하는 아이는 극히 드물다. 몸이 바쁜 아이는 자신의 스케줄을 들이밀며 얼마나 힘든지를 토로하고, 마음이 바쁜 아이는 근심 어린 표정으로 늘 마음을 들여다봐주길 원하며, 몸과 마음 모두가 바쁜 아이는 이 두 가지 형태가 결합되어 나타난다. 이 모든 형태의 마음속 감정들이 가장 많이 생성되고 소멸하는 곳이 바로 하늘마루, 삶의 공간이다.

이 공간이 아이들에게 얼마나 어려운지를 한번 들여다보자. 각자 처한 환경이 다르겠지만 가정에서는 대부분 집중과 관심이 분산되는 일이 크지 않다. 하지만 물리적인 공간을 나눠 쓰는 만큼 자신에 대한 관심도가 자연스레 나눠지는 이 공간에서의 삶은 첫발을 내딛은 신입생들에게는 무척 당황스러운 일이다. 전혀 다른 삶의 방식, 같은 10대이면서 또 다른 나이, 공간에 대한 익숙함의 차이, 다른 생활 패턴, 받아들이고 나누는 것에 대한 정도 차이 등 헤아릴 수도 없이 수많은 차이와 그로 인해 파생되는 불편함을 온 몸과 마음으로 받아들여야 한다.

기대와 실망이 교차되고 묵혀뒀던 감정들이 올라오기 시작하면서 때론 눈물로, 때론 말과 글로, 때론 다른 이에 대한 무시와 비난으로, 때론 격한 행동으로, 때론 침묵으로 아픔을 표현한다. 형제자매들이 많지 않거나 외동인 경우 상황을 받아들이고 정리하는 데 더 많은 시간을 필요로 한다.

아무리 공동체 생활을 하겠다고 약속하고 왔다 해도 실제로 경험하는 생활은 녹록지 않다. 내 개인의 취향은 공동체라는 이름하에 자주 묻힌다. 여럿이 한 방에 살다보니 알고 싶지 않은 개인의 사생활까지도 입력되고 처리되어야 한다. 내 고유한 생물학적 기능이 시간에 따라 남들과 같이 배열되는 일이 잦다. 사회적 관계를 위해 남들에 대한 관심도 높여야 하고 반대로 상대로부터 관심의 대상이 되기도 한다. 무언가 잘했다고 생각하지만 상대의 반응이 시원찮다면 눈치를 보게 되고 주눅이 든다.

엄마가 해주던 빨래도 내 손으로 해야 하고 내가 들고 나던 방 청소며 가장 하고 싶지 않았던 화장실 청소도 종종 내 차지가 된다. 먹지도 않았던 간식통을 다음 간식을 받기 위해 씻어야 할 때도 있고 빨래를 미루다 보면 정말 입고 나갈 옷이 하나도 없을 때가 있다. 배 속에 거지가 들었는지 먹고 돌아서면 꼬르륵이요, 그러다 보니 평소에 먹지도 않던 것들이 세상의 참맛 같다. 친구와 먹고 싶은 것들을 종이에 적으며 깔깔대다 보니 집밥이 그리워진다. 가족들의 열렬한 지지가 받고 싶어지며 사지를 펼치고 뒹굴거릴 수 있는 내 고유한 공간에 대한 집착이 생긴다. 그러다 보니 때론 욕구도 단순해져 혼자 방을 쓰는 생활교사가 최고로 부럽다. 물론 학년이 올라가면 이 방이 얼마나 복잡하고 쉴 틈이 없는지 알게 되지만 말이다.

열거하기도 벅찬 이 모든 상황들 틈에서 아이들은 조금씩 큰다. 자신의 이야기만 하다가 남의 이야기도 듣게 되고, 한 번도 개켜본 적이 없는 이불이며 빨래를 스스로 정리할 줄도 안다. 양말 빠는 신기술도 익히고 똥이 가득 찬 변기를 뚫을 기회도 얻는다. 모든 먹을 것에 관대해지다 보니 평소 입도 안 대던 찐감자의 매력에 빠지기도 한다. 누군가의 잠버릇 때문에 몇 번 잠을 설치다 보면 자신의 잠버릇으로 인해 불편한 누군가도 있음을 알게 된다. 밤마다 계속되는 친구의 불평과 불만을 들으며 자신의 생각 없는 투덜거림이 다른 이를 얼마나 힘들게 했을지 깨닫는다. 빌려준 옷이 처음과 같지 않다고 느낀 순간 남의 물건 빌려 쓰는 일에 신중해진다. 방음이 되지 않는 방에 누워 귀엣말의 미학을 발견한다. 나도 몰랐던 내 매력을 말해주는 이들 틈에서 상대의 매력을 볼 줄 아는 눈이 생긴다. 규칙적인 생활패턴으로 살다 보니 조금 피곤하지만 특별한 관리 없이도 건강을 유지하게 된다.

학교를 향하면서 보게 되는 농사일의 풍경과 친구들의 말소리에 섞여 들어오는 새소리, 물소리, 바람의 기운이 무척 자연스러워진다. 밤에 별빛 쏟아지는 하늘 아래서 이야기꽃을 피우는 일이 온갖 인공물로 치장한 도시의 공간보다 낭만적임을 해가 갈수록 느끼게 된다. 그래서 굳이 생태를 논하지 않아도 몸과 마음이 기억하는 생태적인 삶으로의 회귀를 갈망한다.

당번활동을 통해 다양한 이들과 얼굴을 맞대고 요구하고 수용하는 일이 얼마나 고된지 경험한다. 이로 인해 공감각적 이해가 왜 필요한지 스스로 체득한다. 이런 반복적인 경험과 연습의 순간들이 쌓이고 쌓인다. 피보나치 수열의 배열처럼 처음엔 더딘 듯하다가 어느 순간 자신도 놀랄 만큼의 사회성으로 발현이 되어 결국 그 아이의 구조적 아름다움으로 더해진다.

시간이 가고 훌쩍 큰 아이들은 흔들리며 컸던 순간들을 기억하며 새롭게 흔들리는 아이들의 멘토가 되어준다. 말이 없던 아이들조차 고등부가 되면서 조금씩 질주본능이 살아난다. 회의에서 자신감 있는 발언을 하게 되고 흘려보냈던 시간들을 아쉬워하며 누가 뭐라지 않아도 스스로 계획하는 일에 자신감을 갖는다. 공동생활에서 힘듦의 최고치인 도난회의를 감당할 수 있는 힘을 기른다. 그로 인해 내 일이 네 일이고 네 일이 내 일과 다르지 않음을 몸소 느낀다. 두렵고 막막했던 시간으로부터 자신이 얼마나 성장했는지 미약했던 힘이 무쇠처럼 얼마나 단단해졌는지 하늘마루 문을 나서며 되돌아보게 된다.

사실 모든 아이들이 위와 같지는 않다. 다수의 아이들 이야기다. 시간차가 엄연히 존재하고 개인의 특성도 고려되어야 한다. 그래도 그 미미함 속에서 성장한 아이들이 보인다는 말이다. 공동생활의 많은 장점에도 불구하고 가장 예민한 시기에 가정과 떨어져 지내는 아이들을 지켜보는 일이 쉽지만은 않다. 이 아이들이 얻는 것만큼 많은 것들을 놓고 버려야 하는 것에 대해 아직도 하늘마루란 공간의 존재 유무에 대해서는 오랜 시간을 보낸 나조차도 부정적이다. 그저 한두 해 경험의 차원에서 활용되었으면 좋겠다. 진정 공동체로의 준비라면 독립된 공간이 확보된 상태에서 '따로 또 같이'를 구현했으면 한다.

얼마 전 하늘마루에서 수도가 고장나 여러 날을 고생했던 적이 있다. 원인을 쉬이 알 수 없어 한동안 시간을 정해 물을 써야 했다. 그런 어느 날 한 무리의 중등아이들이 생활교사방에 들어와 행복한 얼굴로 자랑을 늘어놓기 시작했다. "쌤, 우리가 세면대랑 대야에 물을 가득 담아놨어요. 변기 물통도 꽉 채워놨구요. 하하하! 이쁘죠? 히히히!" "뭐? 와, 근데 힘들게 왜 그랬어?" "하하하, 나도 불편한데, 다른 사람들도 마찬가지잖아요. 편히 쓰라구요. 히히히!" "아이구 잘 했네. 쓰는 사람들 감동이겠네. 너네 정말 착하다."

그냥 뭉클했다. 나도 생각 못 했는데 다 컸네.

언젠가 방을 지나치며 피곤에 지쳐 잠든 아이가 구부정하게 잠든 모습에 코끝이 시큰했던 적이 있다. 복도를 지나며 빨래봉에 걸린 손수 빤 어린 속옷들에도 같은 감정이 생긴다. 그저 딱딱한 공간이었을 하늘마루에 생기를 불어넣고 한 획을 긋고 간 아이들이 그저 존경스럽고 감탄스러울 따름이다. 잘 컸다, 애들아. 고마워!

스스로 서고 더불어 사는 아이들

졸업생 이야기 2

미래의 영화 감독,
대안학교 교장을 꿈꾼다!

손채은 기자(3학년)

인터뷰 대상자 : 이슬비(04학번)

04학번과 11학번의 만남! 처음 보는 사이였지만 편안한 분위기에서
커피와 케이크를 먹으며 인터뷰를 진행했습니다. 졸업생의 학창시절
당시의 간디학교로 함께 가볼까요?

Q. 안녕하세요! 간단한 자기소개 부탁드려요!

A. 저는 04학번 이슬비라고 합니다. 지금은 인천 강화군에 있는 지역
신문사 《강화뉴스》에서 일하고 있어요. 아마도 이번 달로 직장을 그만
둘 것 같은데 여행도 하고 쉬다가 다른 일을 해볼까 생각 중이에요.

Q. 학창시절, 학교수업이 어떻게 진행되었나요?

A. 어떻게 진행되었는지 잘은 기억이 안 나는데, 4학년 때 주제프로젝트인 평화프로젝트 했던 게 가장 기억에 남아요. 제 동기 중에 장시내라는 친구가 푸드 다이어리라는 것을 해보지 않겠냐고 해서 한 달 동안 음식 관련 일을 했어요. 음식 만들고, 일지 쓰고, 사진 찍고.(웃음) 또 저는 고등과정 편입을 했기 때문에 논문, 백두대간 종주를 비롯해서 다 피해 간 것 같아요. 농사도 이수 안 했는데!

Q. 편입했다고 했는데 중학교 때는 어떻게 지냈나요?

A. 중1때는 일반학교를 다니다가 중2때 마리학교라는 대안학교로 편입을 하게 되었어요. 그리고 고1, 4학년으로 간디학교에 편입을 한 거고요. 사실 강화에 있는 대안학교와 인연이 되어 스무 살 때, 다녔던 학교에서 일한다든가, 계속 강화에서 활동하며 있었어요.

Q. 당시 장래희망이 뭐였나요?

A. 학교 다닐 때……? 사실 지금도 저는 영화감독이 되고 싶어요. 신문사 일은 영화와는 관련이 없긴 한데 다큐멘터리 찍는 거에 관심이 있어서 연관이 되는 것 같아요. 사회 문제에 관심을 갖는다든지 하는 거요. 그리고 신문사 일을 하면서 영화 찍을 때 어떤 내용을 할지 등등을 종종 상상해요. 이 일을 그만두고 이제 제가 원하는 것을 위해 본격적으로 노력해보려고 생각 중이에요.

Q. 학교 다닐 때 정말 싫었던 점과 좋은 점은 뭐라고 생각하나요?

A. 저는 고등학교 때 편입을 했다고 했는데 딱 저희 학번까지 편입이

가능했어요. 편입을 하자마자 사실 핸드폰을 못 쓰는 게 가장 마음에 안 들었어요. 제가 들어가 선동해서 3차 토론회까지 갔어요! 1차 학생 내부 토론, 선생님, 학부모님까지 토론을 했지요. 결국 안 됐고, 지금 결과적으로 못 쓰고 있는 거죠? (네…)

Q. 이번 학교 동창회 때 왔는데 학교가 그사이 바뀌었다고 생각한 점이 있나요?

A. 종종 놀러 가봐서 조금씩 바뀌는 것을 보고 있어요. 음……. 학교와는 관련이 없지만 기억에 남는 것 중 하나가 장학회예요. 홍대에서 했던 장학회를 보러 갔었는데 그 모습을 보면서 잘됐으면 좋겠다는 생각이 들었어요.

Q. 학교에서 가장 재밌었던 사건·사고가 있다면 무엇인가요?

A. 제가 사건·사고 중심에 있지 않았기 때문에 생각이 안 나네요……. 언젠가 꼭 여학생들만 다니는 대안학교를 만드는 상상을 해요. 저는 학교 다닐 때 가족회의 같은 시간이 정말 아깝다고 생각했거든요. 여학생들만 다녀서 사고도 좀 덜 치고 도난도 없는 그런 학교를 만드는 상상을 가끔 해요.

Q. 다시 학창시절로 돌아가 꼭 해보고 싶은 것이 있다면 무엇인가요?

A. 다시 그때로 돌아간다면 저는 아무것도 안 하는 게 제 꿈이에요. 옛날에 학교 다닐 때 수업을 무리하게 들어서 모든 과목에 숙제도 잘 안 해 가기도 하고 동아리 같은 것들도 다 신청해서 감당을 제대로 못 했

었어요. 만약 학교에 다시 다니게 된다면 수업 같은 것들 다 안 듣고 공강 시간에 느긋하게 살아보고 싶어요.

Q. 이 학교를 다녀서 좋았다고 생각한 점이 뭔가요?
A. 참 많아요. 일단 경쟁에 휩쓸린다거나 열등감을 느끼거나 할 수 있는데 그런 데 전혀 얽매이지 않고 굉장히 태평했던 것 같아요. 그때 그럴 수 있었던 게 다 양쌤 덕분인 것 같기도 하고요. 대안학교 다니면서도 대학에 가야 하지 않나?라는 생각을 해봤을 법도 한데 그런 조급함이 없었어요. 그게 굉장히 좋았어요.

Q. 마지막으로 10살 된 학교에게 하고 싶은 말을 해주세요!
A. 학교 다닐 때, 식구총회를 하거나 큰 사건이 생길 때마다 이번에야말로 간디학교가 망하겠구나 하고 생각했었어요. 그런데도 아직도 안 망하고 이렇게 인터뷰를 하고 있는 걸 보면…….(웃음) 또 학생들이 공연을 하면서 마련하는 장학회도 있고, 그런 점을 보면 든든해 보이고 앞으로도 영원할 것 같아요.

3부

천방지축 간디 아이들

비폭력 학교에서 폭력을 이야기하다

권호정(5학년 종화맘)

민감한 주제인지라 종화에게 얘기하고(종화가 허락했다는 말은 아니다) 여러 쌤들에게 의견을 구하며 이야기를 나누었다. 그리고 기억도 나지 않는다는 종화의 1학년 때 이야기를 내 기억만으로 풀어냈다. 주제가 주제인 만큼 모든 내용이 조심스럽다. 간디의 훈남들아~ 용서해다오! 사랑한다!

"폭력이니 비폭력이니…… 단어가 너무 무겁고 우리 아이들과 어울리지 않아. 아이들끼리 욱했다가 다투고 화해하고……그런 거지." (미리강)

종화의 입학전형을 준비할 때 그리고 합격한 8월 이후에도 몇 번, 2

년 선배 혜민이는 걱정 어린 목소리로 말했다. 남자 기숙사는 선후배 관계가 나름 엄격하고, 위계질서 때문에 폭력사건이 일어난다고. 자기는 거기서 벌어지는 일에서 종화를 지켜줄 수 없다고. 그 이야기를 들었을 때 나는 그러려니 했다. 심각해하지도 두려워하지도 않았다. 막연히 학교를 믿었다.

> "솔직히 폭력…… 많지. 09학번이 1학년이었을 때 저희들끼리도 누가 누구 뺨 때리고, 또 누가 누구를 심하게 약 올리고 그랬는데. 선배들도 1 학년들한테 기숙사에서 부려먹고, 매점 심부름도 시키고……" (수자쌤)

선배들이 장난으로 종화랑 몇몇 아이의 동영상을 찍고서 그걸 공개하겠다고 하며 심부름도 시키고 놀렸나보다. 종화는 형들에게 싫다고 말할 용기도 나지 않고 선생님께 얘기도 못 하겠다며 우거지상이었다. 2월 말 학교 가서부터 집에 전화 한 번 없었고 가정학습 기간이 아니면 집에 오지도 않고 늘 학교에서 잘 지냈으며 형들이 정말 좋다고 항상 말한 종화였기에 가슴이 쿵 내려앉았다. 하지만 부모인 내가 어떻게 해야 하는지, 무엇을 할 수 있을지 잘 떠오르지 않았다. 장난이 지나치다 싶으면 싫다고 너의 의사를 확실히 표현하고 쌤들과 상담하라고 용기를 북돋울 수밖에 없었다.

종화의 1학년 학기 초 09학부모 모임에서 아이들 폭력 이야기가 나왔다. 무거운 회의 분위기에서 벗어나고 싶어 바깥 공기를 쐬러 나왔을 때, 내 어두운 낯빛을 보고는 수자쌤이 종화도 선배들도 쌤들과 상담했다며 잘 해결해나가고 있다고 위로했다. "쌤! 폭력이 되물림된다는데 종화가 가해자가 되어 후배들 괴롭히면 어떡해요!" 난 두렵고 또 낯설었다. 가해자, 피해자, 폭력의 악순환, 폭력의 되물림. 회의 내내 언급되어진 단어들과 회의 분위기가 별반 사회에서 얘기하는 것과 다르지 않았다. 종화의 동영상 이야기를 들은 세영맘은 "그 선배 아이들, 참 순하고 착한데……" 하며 답답해하는 나를 다독여주었다. "그렇지. 다 우리 아이들인데…… 이런 불편하고 두려운 맘으로는 해결은커녕 상처만 더 하겠다." 그리 맘을 먹고 나니 그제야 선고리 밤공기가 달달하게 느껴지고, 별도 달도 보이기 시작했다.

아이들과 가까이서 끊임없이 대화 나누고 노력하는 쌤들을 믿고, 힘들지만 조금씩 용기 내는 종화를 믿고, 누가 시켜서 지켜지는 평화가 아니라 좌충우돌 부딪혀가며 평화를 배워가는 간디의 모든 아이들을 믿자고 마음먹었다.

그 이후로도 도난으로 인한 가족회의가 밤늦도록 열려 아이들이 지쳐간다는 이야기도 간간이 들려왔고 'stop'을 외쳐 가족회의가 소집되었다는 이야기도 한 번씩 들렸다.

저학년 때는 무서운 선배라 피하고만 싶었는데 논문 작업을 하면서, 필리핀을 가기 위한 준비를 하면서 자기 일처럼 도와주는 모습을 보며 그 선배를 다시 보게 되고, 문제 해결을 위한 긴 회의에 지치기도 하고 진이 빠지기도 하지만 그 경험들에서 다른 문제들을 푸는 지혜를 찾아가며, 이렇게 바람 잘 날 없이 살지만 비폭력과 평화에 대해 생각하고 노력하는 하루하루가 쌓인다.

"비폭력 서약식을 하면 뭐하느냐 그때뿐이다. 학교에서 폭력은 끊임없

비폭력 학교에서 폭력을 이야기하다

비폭력 주간에는 비폭력 캠페인과 포스터, 노래가사 바꾸기 등등의 체험들을 통해 비폭력을 알아가며 마지막 날인 4월 5일, 비폭력 서약식 자유발언으로 마무리된다.

이 되풀이되고 있다.

형식적인 비폭력 서약식은 소용없다!······제천간디는 폭력학교다!"

3월 넷쨋주, 4월 첫주 2주간은 비폭력 주간이다.

비폭력 주간에는 비폭력 캠페인과 포스터, 노래가사 바꾸기 등등의 체험들을 통해 비폭력을 알아가며 마지막 날인 4월 5일, 비폭력 서약식 자유발언으로 마무리된다.

올해 자유발언 시간에도 아이들은 학교에서 또는 가족 내에서 주고받은 폭력의 경험과 상처들을 내보이며 고백의 줄을 이었다. 나왔던 아이들이 또 나오기도 여러 번······ 눈물을 훔치는 아이들도 있었다.

나도 지난 5년 동안 엉덩이 들썩이며 지켜만 보다가 이번에는 용기를 내어 자유발언에 참여했다. 무대로 나가 자리에 앉고 보니 무대의 환한 조명에 눈이 부셔 객석 사람들의 얼굴을 알아볼 수 없었다. 용기를 내어 지나간 일이지만 용서받고 싶었던 그리고 다시 되풀이하고 싶지 않은 내 이야기를 고백하니 마음이 가벼워졌다.

자유 발언의 이러한 경험은 그 자리에 나서는 것만으로도 대단한 용기가 필요하다는 것을 느끼게 해주었다. 그리고 내 이야기에 귀기울여주고 공감해주는 믿음직한 사람들이 앞에 있다는 것을 온몸으로 느낄 수 있었다. 그래서 떨리지만 진심을 다해 고백할 수 있었다. (사족이지만 비폭력 서약식에서 고백을 통해 용서를 구했던 그 후배와 13년 만에 만나 사과도 하고 정도 나누었다.)

"간디에서는 폭력사건을 처리하는 방식이 공개적이지. 그리고 처음에

툭탁거리던 아이들이 고등과정 올라가고 졸업하는 시점이 되면 서로 형제가 되어 있는 모습을 봐."(수자쌤)

"내가 지금 고학년이라서가 아니라 진짜 해마다 발전된 모습이 보여. 선후배간의 예의를 따져 위계질서 잡고 하는 것은 거의 없어. 인간 대 인간으로 예의를 저버리는 경우에 문제가 되지. 학교에서 벌어진 폭력사건의 단편적 모습만으로 편견 가지고 오해하지 말아줘. 평화정착위원회에서도 폭력사건이 일어났을 때, 사건의 구체적 내용과 전후사정을 얘기 들어 종합적으로 처리하고 집행해."(종화)

"고등과정 애들 보면 우리보다 나아요. 둘이서 뭔 일이 있었는지 얼굴은 벌개도 주먹이 먼저 나가지는 않아. 지금 내가 너의 어떤 행동, 말 때문에 화가 난 상태다. 넌 왜 그렇게 했냐. 내 상황을 말로 표현할 줄 알고 상대방을 이해하고자 참고 노력하는 게 보이거든."(영민쌤)

제천간디에서 도난과 폭력을 별개로 하고 있지만 타인의 물건에 손을 대는 도난도 넓게 볼 때 폭력의 범주에 든다고 보고, 공동체의 힘을 보여주며 잘 해결한 두 에피소드를 소개해본다.

09 아이들이 필리핀 간디학교에 도착하는 날 하필 도난 사건이 터졌다. 경찰을 불러 해결하겠다는 쌤에게 공권력으로 공동체 일을 푸는 것은 아니라고 본다며 문제제기하고 회의를 열어 연대적인 책임수행 차원에서 108배를 매일 하기로 했다. 108배는 벌칙이 아니라 도난 사건을 같이 풀어보겠다는 아이들의 의지였고, 공감한 필리핀 간디학

우리 아이들은 잘하고 있다. 믿음과 지지 속에서, 그리고 두려움이 아닌 사랑 속에서 우리 아이들이 상처 없이 잘 자란다.

생들도 동참하며 결국 잘 해결되었다고 한다.

또 얼마 전 4월 셋쨋주 금요일 1학년 학생이 주말에 나들이 가려고 챙겨둔 용돈 1만 원이 사라진 사건이 일어났다. 사감쌤은 휴가 중이었고 남학생들끼리 회의를 하다가 도난사건을 접하게 된 것이다. 이에 책임을 느낀 고등부 남학생들이 무기한 단식을 결의하였다. 쌤들과 후배동생들의 지지와 동참이 늘어나고 주방쌤들은 점심 식단을 간소하게 차리며 모두들 용기있는 고백을 기다렸다. 5월 1일 노동절 밤에 드디어 고백이 나왔다.

사람과 사람이 함께 살아가는 데 폭력은 매우 민감하고 심각한 문제이다. 하지만 폭력 그 자체보단 그 문제를 어떻게 해결하고 다시 일어나지 않도록 하는 것이 더 중요할 것이다. 단순하게 '폭력 사건'에 대해 가해자와 피해자만을 나누고 벌을 준다면 또 다른 갈등이 야기될 것이며 오히려 폭력 자체를 가볍게 치부해버릴 수 있다. 즉, 어른들이 '폭력' 그 자체에만 집착하여 자기 상처만 들여다보고 아이들을 염려하며 간섭하려 할 때 우리 아이들이 공동체의식을 발휘하여 지혜롭게 갈등을 해결하고 스스로 평화를 만들며 더불어 살아가는 방법을 익힐 수 있는 과정을 빼앗은 것이 아닌지 되돌아보아야 할 것이다.

폭력사건이 일어났을 때 폭력으로 대응하는 것이 아니라 폭력을 당했다고 당사자가 용기내어 이야기하는 것. 제3자로서 폭력사건을 그냥 보아 넘기지 않고 문제제기를 하는 것. 평화정착위원회에서 전담하여 처리하지만 결과를 가족회의에서 공유하는 것. 단순히 폭력에 대한 벌칙을 내리고 사과하는 것으로 머물지 않는 것. 이러한 사건들이 재발되는 것을 막기 위해 무엇이 필요한지 같이 의논하고 노력하는 것…… 이렇게 폭력에 대응하는 제천간디의 방식들은 더디고 길지만, 어쩌면 더 힘든 과정들을 통해 공동체 의식으로 '폭력'이란 사건의 본질을 통찰하고 갈등을 해결해 나가는 방법을 깨우치는 힘을 키워주는 것이다.

도난이든 폭력사건이든, 욱해서 벌인 몸싸움이든 사소한 다툼이든 간에 그런 일 없이 학교에서 잘 지냈으면 좋겠다는 것이 부모 마음이다. 2주간의 비폭력 주간을 가지고 비폭력을 약속한다 해도, 한 방에 네 명, 때론 많게는 10명이 북적거리는 기숙사에서, 그리고 100여 명이 살아가는 학교에서 폭력은 또 일어나고 있다. 이런 일들은 분명 우리를 속상하고 화가 나게 한다. 하지만 제천간디를 믿으란 말을 하고 싶다. 우리 아이들을 믿자. 아이들이 6년간 지낼 학교에서 스스로 잘 해결할 수 있도록 지지해주자. 우리 아이들은 잘하고 있다. 믿음과 지지 속에서, 그리고 두려움이 아닌 사랑 속에서 우리 아이들이 상처 없이 잘 자란다.

비폭력 학교에서 폭력을 이야기하다

별 보는 방에서
연기가 나는 까닭은?

은종복(형근빠)

대안 중고등 배움터인 제천간디학교 아이들은 부모와 떨어져서 기숙사 생활을 하다보니 답답함에서 벗어나고 자유를 찾으려고 술도 마시고 담배도 피운다. 하지만 모든 아이들이 그런 건 아니다.

사람이 어떤 일을 할 땐 그만한 이유가 있다. 내가 이 글을 쓰려고 제천간디학교 남자아이와 여자아이들을 만났다. 대체로 담배를 피우는 것은 좋지 않다고 말한다. 중독성이 있고 피우지 않는 사람에게도 몸에 안 좋기 때문이다. 술을 먹는 것엔 좋은 일이 더 많다고 했다. 마음 아픈 일이 있거나 함께 기뻐할 일이 있을 때 술 한 잔 마시며 얘기를 나누면 동무 사이가 더 가까워진다. 다시 말하면 담배를 피우는 사람들은 그만 끊고 후배들에게 담배를 피워보라고 권하지 않았으면 좋겠다고 했다. 술은 너무 취해서 다음 날 생활을 못 하도록 비틀거리지만 않으면 가끔 마셔도 좋다고 한다.

이런 생각에 어른들은 어떻게 생각하나. 난 이렇게 생각한다. 아이들 생각이 맞다. 담배는 한 번 피우면 중독성이 강해서 끊기 힘들다. 아예 처음부터 배우지 않는 게 좋다. 술도 마찬가지다. 중독성이 크다. 아니 어쩌면 술이 담배보다 더 해로울 수 있다. 담배는 스스로 몸만 해치지 간접흡연이 없다면 다른 이에게 크게 피해를 주진 않는다. 그런데 술을 많이 마시면 헛소리를 하게 되고 함께 사는 식구들을 때리기도 하고 성폭행으로 이어지기도 한다. 그렇다면 학생 때는 술과 담배 모두 하지 않는 게 맞다. 그래도 술은 조금 마셔도 되지 싶다. 맨 정신으로 말을 할 수 없을 때 술 한 잔 마시고 나면 몸 마음이 풀어지면서 깊은 얘기가 오간다. 그래도 그런 일이 한 달에 한두 번쯤이면 좋겠다.

그럼 제천간디학교에선 술을 마시다 걸리면 어떤 벌을 내릴까. 1주일에 한 번씩 열리는 간디학교 가족회의에서 술을 마셨다는 고백을 한다. 그리고 마술학교(마시지 마 술 학교)에 들어간다. 그곳에서 술을 마시지 않겠다는 반성문을 쓰고 종이 펼침막을 써서 금주 캠페인을 한다. 술 마신 아이 부모들은 학교에 와서 농사일을 해야 한다. 그래도 술을 아무리 많이 마셨다고 퇴학을 시키지는 않는다. 대개는 마술학교에 갔다 오면 술 마시는 것을 줄이고 걸리지 않도록 조심한다.

담배를 피우다 걸리면 어떻게 되나. '건강위원회'에 들어간다. 담배를 피운 사람은 익명성이 보장된다. 담배는 혼자 몰래 피울 때가 많고 스스로 담배를 피우지 않겠다는 뜻이 있어야 끊을 수 있다. 하루에 운동장을 다섯 바퀴 돈다. 폐활량을 늘려서 담배 독을 없앤다. 한 달에 한 번 오줌 검사를 해서 니코틴이 나오는지 본다. 두 달 연속 니코틴이 나오지 않으면 '건강위원회'를 나올 수 있다.

그럼 제천간디학교 아이들은 언제 술을 마시기 시작하고 담배를 피울까. 술은 2학년 1학기 '움직이는학교'를 할 때 먹게 된다. 제천간디학교는 '무빙스쿨'이라고 제천간디학교를 떠나 다른 배움터에서 보름 가까이 먹고 자면서 공부를 한다. 주로 춤이나 연극, 풍물을 하면서 스스로 마음을 보는 공부다. 이 과정이 끝나는 날 잔치를 벌인다. 아이들 학부모들도 오고 학교 선생님들도 함께 어우러져 술을 마시며 뒤풀이를 한다. 이날 아이들도 자기들끼리 모여서 술판을 벌인다. 평소에 술을 안 마시던 아이들도 분위기에 젖는다.

담배는 중학교 3학년 논문을 쓰고 나서 힘든 마음을 달래려고 피운다. 제천간디학교는 중3 말에 논문을 쓰고 여러 사람들 앞에서 발표한다. 태어나서 처음 쓰는 논문이라 모두들 힘들어한다. 논문을 쓰려면 두 달 가까이 아무것도 못한다. 중3 여름방학은 논문을 쓰느라 흘린 비지땀으로 범벅이다. 그렇게 논문을 쓰고 나서 피우는 담배 맛이 얼마나 좋겠는가. 또 담배는 4학년(고등학교 1학년 과정) 때 가는 필리핀 바깥 공부를 하고 나서 가지고 온 '타바코'라는 잎담배를 피우면서 맛을 들인다. 그 잎담배는 필터가 없어 껌을 씹듯이 씹으면 침이 나오면서 맵고 싸한 맛이 난다. 그 맛에 담배를 피우게 된다. 그때도 모든 아이들이 담배를 피우진 않는다. 한 학년에 담배를 피우는 사람은 두세 사람이다. 그 가운데 여자아이들은 거의 없다.

그럼 왜 제천간디학교 아이들은 담배 피우고 술을 마실까. 호기심이다. 아니 우정이다. 처음에는 술을 마시면 기분이 어떨까, 담배를 피우면 기분이 어떨까, 이런 생각에서 시작한다. 술을 함께 마시니 동무 사이가 가까워지고 내 마음 아팠던 것이 잊어버리고 풀어지니까 마신다. 담배는 몸에도 안 좋고 별 맛을 못 느끼니 그만둔다.

아무튼 제천간디학교 아이들은 이렇게 말한다. 술을 가끔 먹어도 좋지만 담배는 권하지 말았으면 좋겠다고 한다. 물론 술도 자꾸 마시면 중독이 되니 자제하면 좋겠지만.

제천간디학교 아이들은 어떻게 술과 담배를 사 오고 그것을 어디에 감추어 둘까. 술은 학교 앞 가게에서 주로 산다. 졸업생이라고 속이거나 키가 크고 나이 많아 보이는 아이들이 사 온다. 아니면 밖에 나갔다 올 때 몰래 숨겨서 들어온다. 술은 검은 봉지에 담거나 사물함 깊숙한 곳에 숨겨 두었다가 바로 먹는다. 먹고 남은 쓰레기는 검은 봉지에 담아 쓰레기통에 넣거나 학교 기숙사에서 멀리 떨어진 곳에 버린다.

담배도 술을 사는 것처럼 몰래 산다. 필리핀 바깥 나라 공부를 하고 올 때 왕창 사다놓기도 한다. 필리핀은 만 15세만 되면 누구나 술을 마실 수 있고 담배도 살 수 있으니.

여기까지 긴 얘기를 썼다. 그럼 어쩌면 좋으냐. 아이들이 몸에 안 좋고 중독성이 있는 담배와 술을 찾는데 어떻게 해야 막을 수 있을까. 막을 수 없다. 아이들 스스로 끊어야 한다. 다행히 담배는 아이들이 몸에 안 좋다는 생각이 깔려 있어 거의 하지 않는다. 그럼 술은. 난 제천간디학교에서 어른들도 술을 마시지 않아야 한다고 본다. 적어도 아이들이 보는 앞에서는 술을 먹지 말자. 아이들 보곤 술을 먹지 말라고 하면서 어른들이 술을 마신다면 어떻겠는가. 그리고 아이들이 동무들끼리 우정을 나누고 싶은 특별한 날에 아예 술을 적당히 마시도록 허용

별 보는 방에서 연기가 나는 까닭은?

을 하자. 중학교 2학년 '움직이는 배움터' 때는 아이들이 숨어서 술을 먹게 하지 말고 적은 양이라도 떳떳하게 먹게 하자. 숨어서 배운 도둑질이 오래 간다고 아이들이 술 먹은 것에 죄의식을 느끼게 하지 말자. 물론 그런 특별한 잔칫날 말고 술을 먹으면 지금 학칙대로 '마술학교'에 들어가고 학부모들이 와서 농사일을 거드는 것은 옳다.

지난날 같으면 나이가 열여섯, 열일곱이면 혼례를 치르고 어른이었다. 아이들을 자꾸 아이로 가두어두면 아무리 몸이 커도 아이로 남는다. 학칙은 학칙대로 두면서 벌을 주되 아이들 스스로 술과 담배를 하지 않는 슬기로움을 가지도록 어른들이 도와주자.

내 선생은 내 아이다. 아이들이 아파하고 기뻐하는 모습을 보면서 배운다. 아이들이 어떤 잘못을 했을 때 꾸짖기 앞서 난 어떻게 살고 있는지 되돌아보면 좋겠다. 내가 좋아하는 어린이글을 썼던 권정생과 이오덕이 1970년대에 얘기를 나눴다. 어느 기자가 물었다. 선생님들은 어떤 세상이 왔으면 좋겠냐고. 두 분이 똑같이 "아이들 얼굴에 환한 웃음꽃이 피는 세상을 맞고 싶다."고 했다. 30년이 지난 뒤에 똑같은 질문을 했고 똑같이 대답했다. "30년이 지났지만 지금 우리 아이들이 행복한가요. 갈수록 공부에, 어른들 등쌀에 아이들이 살 수 없는 세상이 되고 있어요." 술, 담배 안 좋다. 하지만 그게 아이들끼리 우정을 나누는 소통기구라면 조금은 예쁘게 보자.

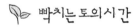

세상은 Lte, 간디는 2G

최선주(4학년 한새맘)

🌱 빡치는 토의시간

　　제천간디학교의 5월 대동제가 치러질 무렵, 제가 일하는 일반학교에서도 체육대회를 준비한다고 분주합니다. 반마다 출전선수를 뽑고, 응원을 준비하고, 반티를 정한다고 한바탕 난리입니다. 올해 역시 벌써 체육대회 2~3주 전부터 반티를 정한다고 체육부가 앞장서 컴퓨터를 켜두고 교실의 TV모니터를 보면서 이것 하자 저것 하자 이야기를 합니다. 그냥 옆에서 지켜보고 있는데, 의견수렴이 잘 안 되는지, 아이들은 몇 번이나 관련 토의시간을 달라합니다. 36명의 아이들 생각이 하나 되는 게 어려운 게 당연할진대, 체육부 아이 몇은 연신 "빡치네, 빡쳐"를 혼잣말처럼 내뱉습니다. 살며

시 다가가 물어봅니다. 도대체 빡치는 게 뭔지. 화난다는 뜻이라고 합니다.

🌱 스마트폰이 진정제, 간디에서는?

금방 답이 나오지 않으면 아이들은 미칠 것 같은 모양입니다. 문제상황이 아닐 때도 마찬가지입니다. 스스로 자기만의 뭔가를 하는 아이들은 몇 되지 않습니다. 타율적으로 주어지는 과제, 주로 학원 숙제가 큰 비중을 차지하죠. 아니면 아예 잠을 잡니다. 그러다가 교사의 눈을 피해 휴대폰으로 뭔가를 해야 아이들의 표정은 제자리를 찾습니다. 무엇이 이 아이들을 이렇게 잠시도 가만있지 못하게 만들었을까 생각해봅니다. 일반계 고교생의 경우, 아침 8시부터 8, 9교시의 수업을 하고 또 밤 9시까지 야간자습을 합니다. 물론 일부의 아이들은 11시까지 심야자습을 합니다, 본인과 부모의 간절한 희망으로. 그리고 9시에 하교해서 또 학원을 가는 아이들도 많은 게 현실이지요. 삶이라는 구조 자체가 그 기나긴 시간 동안 아이는 가만히 아무것도 안 하고 뇌를 쉬게 할 수 없게 되어 있습니다. 그러니 잠깐의 짬이 생기면 이름 모를 불안이 스멀스멀 올라와서 그런 것은 아닐까 짐작을 해볼 따름입니다.

우리 아이도 집에 오면 도시의 아이들과 마찬가지로, 와이파이(Wifi) 공간을 찾아다닙니다. 휴대폰과 컴퓨터를 사랑하는 모습을 줄곧 보여줍니다. 오죽하면, 방학 동안 컴퓨터 앞에 붙박이가구가 생겼다가 개학해야 사라진다고 우스갯소리로 얘기하겠습니까? 간디의 많은 철부지들 또한 휴대폰에 대한 사랑을 쉬이 접지 못해, 때론 몰래 쓰다가 학생회 법무부에 걸려서 벌칙을 수행하고 가끔씩 집으로 추방을 당하기도 하지요. 그런 까닭에 이번 학생회에서 주체적으로 나서서 휴대폰을 중심으로 한 전자기기 사용 실험(2주간 모두가 세부규칙을 정해 사용하고, 그 다음 2주간 전면 금지)을 제안했겠지요. 아이들이 세부규칙을 잘 따르며 시행되고 있다고 합니다. 그 결과가 어찌 나오든 우리는 아이들의 결정을 존중해야겠지요. 분명 우리 아이들은 현명하고 지혜로운 방안을 내놓을 테니까요.

간디 아이들은 스마트폰이 생명폰이 아니란 것을 분명히 알고 있고, 그것의 역기능 또한 너무나 잘 알고 자제할 줄 아니까요. 일반학교의 많은 아이들에겐 휴대폰, 특히 스마트폰은 생명줄과 같습니다. 왜냐하면 그 아이들에게 스마트폰은 별개로 존재하는 하나의 사물이 아니라, 아이들의 셋째손가락처럼 신체의 일부가 되어 생명의 한 부분이 되어버렸기 때문입니다. 잘못 사용해 압수당하면 심한 금단현상을 보이며 스스로도 중독임을 인정하는 아이들이 하나둘씩 늘어나는 실정입니다. 그 스마트폰이라는 게 아이들에게서 그나마 얼마 남지 않았던 속도에 대한 참을성을 몽땅 뺏어간 게 아닌가라는 생각을 해봅니다. 뭐든지 검색하면 금방 답이 나와야 하는데, 토의라는 것은 그렇지 않잖아요. 정답이 없는 문제를 던져주면 무진장 방황하는 아이들이 대부분인데, 스마트폰의 사용으로 이제 참을성까지 없어져서 점점 멍청해져 가는 아이들을 보고 있으니 진짜 스마트폰(smart phone)이라는 이름을 덤폰(dumb phone)으로 바꾸는 게 맞다 싶습니다.

다수의 어른들도 마찬가지입니다. 우리의 삶이 원래 지루함을 동반하는 건데, 여기 도시인들은 지루함을 잠시도 견디기 힘든 모양입니다. 조금의 짬이라도 생기면 모니터를 들여다보거나 TV화면이나 휴대폰 액정을 들여다보는 분들이 많습니다. 그렇지 않으면 일중독자가 되어 자기만을 위한 남에겐 스트레스로 다가오는 일을 생산해내고 흡족해하는 사람도 있습니다. 휴일이 너무 많다고 불평하는 괴상한 일중독자도 본 적이 있습니다. 쉼 없이 뭔가를, 그것도 가능한 빨리빨리 해야만 자기 존재에 대해 안전을 느끼는 사람들입니다. '빠름빠름빠름……'은 광고 속에서만 듣는 말이 아니라 우리 삶 전체를 마구 몰아붙이는 것 같아, 저는 이 광풍이 순간순간 무섭습니다.

🌱 성숙은 지루함도 요구해

이런 도시의 삶을 살다가 덕산에 가면 정말 별천지에 온 것 같습니다. 별일 없는 지루함이 있는 이곳이 저는 좋습니다. 지루함을 경험하고 견뎌내고 하는 그 가운데서 아이는 성장한다는 것을 제 어린 시절을 통해서 경험했기 때문입니다. 엄마를 부르며 귀가했는데 집에는 아무도 없고 집짐승 소리와 바람 소리만 말간 마당을 훑고 지나갈 때, 마루에 앉아 아무 생각 없이 보낸 그 시간들이 몸과 마음속 어딘가에 남아 제 성정의 한 부분이 되었다고 생각하기 때문입니다. 뭔가 나를 둘러싼 거대한 공간과 시간이 있는 것 같고, 허전하고 외롭기도 했지만, 한편 그 고독이 좋기도 했기 때문입니다. 그때의 지루함은 싫고 피하고 싶은 감정이 아니라 평화스럽고 자연스러워 소중한 체험이기 때문입니다.

제 어린 시절의 고요한 마당처럼, 덕산에 들어서면 간디 아이들이

사소한 일에도 쉬이 빡치는 세상의 많은 아
이들을 보면서 간디의 우리 아이들을 생각합
니다. 정답이 없고, 속도감에 대한 강박이 없
어야만 이뤄질 수 있는 간디의 많은 교육과
정들을 떠올립니다.

대림마트와 누리카페 근처를 어슬렁대거나 선고리 마을길을 여유롭게 돌아다니는 모습이 보입니다. 혼자인 아이보다는 서넛이 혹은 무리 지어 다니는 아이들이 더 자주 보입니다. 학교 마당에는 나무 위 마루에 앉아 하늘을 바라보거나, 나무에 매단 그네를 타거나, 그늘에 앉아 담소를 나누거나 교사 앞뜰에 앉아 운동장을 보거나, 혹은 작지만 넓은 운동장에서 공을 차거나 하는 아이들이 보입니다. 정말 고요하지만, 생명이 들끓고 있는 기운이 느껴지는, 그래서 지금 그 장면들을 생각만 해도 기분이 좋아지는 풍경들입니다. 마치 벽장을 열고 들어가니 다른 세상이 펼쳐지는 것처럼 그곳에 가면 다른 세계에 간 것 같습니다.

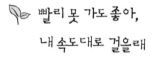

빨리 못 가도 좋아, 내 속도대로 걸을래

사소한 일에도 쉬이 빡치는 세상의 많은 아이들을 보면서 간디의 우리 아이들을 생각합니다. 정답이 없고, 속도감에 대한 강박이 없어야만 이뤄질 수 있는 간디의 많은 교육과정들을 떠올립니다. 주를 여는 시간, 학급회의, 가족회의, 어느 해 할 것 없이 크고 작은 사건이 일어날 때마다 구성원 한 명이라도 'Stop'을 외치면 모든 식구들이 모여 가족회의를 여는 곳. 힘들고 이해 안 되는 그런 지난한 과정이 진짜 삶에서 소중한 경험이 된다는 것을 아직은 모르는 아이도 있겠지만, 그것이 바로 간디에서의 삶의 속도이고, 귀한 배움이 된다는 것을 졸업하면 혹은 나이가 좀 더 들면 알게 되지 않을까 싶습니다. 손수 돼지똥을 치우고 먹이를 줘가며 어미돼지가 새끼를 낳고 가족을 늘리고 하는 것을 보며 자란 아이들은 돼지의 삶에도 시간의 역사가 있음을, 비누가 만들어지고 효소를 만들 때도 시간이 쌓여야 한다는 것을, 제천의 매서운 겨울바람도 때가 되어야 멈추고 따스한 봄바람이 불어온다는 것을, 그리고 무엇보다 자기밖에 모르던 열세 살에서 차츰 옆사람을, 이웃을, 그리고 세상을 이해하게 되는 데도 세월이 필요하다는 것을 깨달아가겠지요.

미친 듯이 돌아가는 세상의 속도가 싫어 간디에 왔습니다. 아이는 공부 별로 안 해도 된다는 것에 끌려 덩달아 선택한 것 같습니다. 이제그 아이가 더 큰 공부를 하고 있습니다. 4학년이 된 아이는 오전엔 수업을 하고 오후엔 작업장에서 삶을 배우느라 나름 바쁘고 힘들다 합니다. 몸으로 시간을 살아가고 있는 것입니다. 부모 눈엔 그런 아이가즐거워 보입니다. 행복해 보입니다. 느리게 가도 즐겁고 고요히 가도신나는 간디의 아이들. 우리 아이들의 작지만 기운 찬 날갯짓을 큰 소리로 응원합니다. 이 날갯짓이 점점 커져 세상의 더 많은 아이들이 행복해질 수 있도록, 빨리 못 가도 좋아 내 속도대로 걸을래, 라고 당당히 외칠 수 있도록.

눈도 고프고 배도 고프지만

전경일(13학번 하성빠)

하늘마루(기숙사) 앞마당을 나서면 발 아래 저 멀리 학교와 동네가 보이고 눈앞에 온통 녹색 세상이 펼쳐진다. 그 옛날 농사지을 땅이 부족해 화전민이 밭을 일궜는지 모르겠지만 선고리 마을 농부의 부지런함에 절로 감탄이 나온다.

간디 아이들 대부분은 도시에서 나서 초등과정까지 자라온 터라 처음에는 눈앞에 펼쳐진 경이로운 녹색 세상에 눈길조차 주지 않을 것이다. 아이들에게 여전히 익숙한 세상은 도시의 복잡함과 편리함 그리고 구조화된 모습이다.

이런 도시생활의 호사는 이곳 생활과는 무관한 일이 되었으니 매일 하늘마루에서 학교로 내리막길 1킬로미터, 학교에서 하늘마루로 그만큼의 오르막길이 기다리고 있다. 하루종일 마주치는 것이라곤 사방을 병풍처럼 둘러싼 월악산 자락과 푸른 하늘 그리고 길가에 피어 있는 이름 모를 들꽃과 들풀뿐. 마주치는 사람들이라곤 맨날 그 얼굴이 그 얼굴 지루할 법도 하겠다.

최근 도시인들은 열풍처럼 그들의 지친 몸과 영혼을 달래려 산과 물, 공기 좋은 곳을 찾아 캠핑을 떠나는데 우리 아이들은 정작 그런 곳에 살고 있으면서도 아직은 그 진가를 알지 못하기에 그들에게 부족한 것을 채우러 밖으로 밖으로 향한다. 입학 후 맞이하는 한가로운 주말! 어떤 아이들은 아침밥도 거른 채 6시 30분 첫 버스를 타고 충주(제천간디에서 제천시보다 충주시가 더 가까움) PC방으로 향하기도 하고, 그마저도 번거로운 아이들은 과감하게 새컴(새벽에 학교 컴퓨터로 게임을 하는 행위)을 저지르기도 한다.

13학번 신입생 중 한 아이가 입학한 지 1주일 만에 같은 방 선배들을 따라 새컴을 하고 그 대가를 혹독하게 치르는 모습을 보았다. 군대로 치면 첫 휴가 금지와 맞먹는 2주간의 외출·외박 금지를 당한 것이다. 다른 친구들은 집에 가서 그토록 갈망하던 배(고기, 피자 등)와 눈(TV, 게임, 영화 등)을 원없이 채우고 오는데 그렇지 못한 아이와 아이를 기다리는 맘빠의 마음은 오죽 답답했으랴마는 새컴이 주는 즐거움과 그 대가를 계산하지 않는 아이의 모습이 너무도 순수한 것 같다.

한 번은 고기가 먹고 싶다고 조르는 아이들을 데리고 삐꾸네(덕산의 유명한 치킨집)를 간 적이 있다. 입학한 지 두 달여밖에 되지 않은 아이들이지만 자연스럽게 방 한자리를 차지하고 삐딱하게 앉아 수다를 떨고 있는 모습을 보니 벌써 덕산 촌놈들이 다 됐구나 하는 생각이 용돈이 부족하면 서로 빌리고 빌려주고, 간식을 사주기도 하고 얻어먹기도 하면서 먹거리를 매개로 작은 경제활동을 하는 것이다.

들었다.

집이 너무 멀고 버스를 자주 갈아타는 것이 귀찮아 차리리 충주 PC방에서 노는 것이 더 즐겁다는 아이(그런데 용돈이 늘 부족해 고민이란다), 스마트 기기는 이제 우리에게 없어서는 안 될 생필품이기 때문에 소지할 수 있도록 해야 한다는 아이와 그런 것 없어도 별로 불편한지 모르겠다고 어른스럽게 얘기하는 아이.

그리고 "아저씨 덕산에 PC방 차리면 아마 잘 될 거예요". "하나 차리시는 게 어때요?" 하고 창업 아이템을 제안하는 아이. 저희들도 학교에서 충주까지 나가는 비용(교통비, 시간 등)이 만만치 않아서 덕산에 PC방 하나 생겼으면 좋겠어요. 이런저런 비용 따지면 한 시간에 2,000~3,000원 받아도 장사 잘 될걸요? 짐짓 너스레를 떨면서 뭐가 그리 즐겁고 좋은지 연신 깔깔깔 웃어댄다.

기숙형 아이들의 배고픔의 문제는 어제 오늘의 일도, 제천간디만의 일도 아닐 듯싶다. 입교한 지 3주 만에 처음 만난 아이의 입에서 평소 듣기 어려운 얘기를 들었다. "고기는 무슨…… 완전 사기야!!!" "입학하기 전 예비학교 때는 고기반찬도 곧잘 나오더니만 입학하고 보니까 고기가 너무 안 나와."라고 볼멘소리를 한다.

제천간디의 먹거리는 친환경, 지역 농산물로 만들어지고 있으니 그 어느 곳에서도 맛볼 수 없는 웰빙식이다. 물론 고기도 국이나 반찬으로 많이 나오는 편이다. 아이들의 눈높이에서는 삼겹살, 갈비, 스테이크 등 온전히 고기 메뉴가 나와야 고기로 인정을 하는 것 같다.

한참 식욕이 왕성한 아이들에게 배고픔은 안타까운 면과 순기능이 공존하는 것 같다. 2013학번 신입생 학급이름은 '13시'반이다. 학교

191

에 들어온 지 얼마되지 않았는데도 아이들이 '배고프다, 배고프다' 하면서 학급이름을 학교 점심시간인 '12시'반으로 정하려 했다가 일말의 양심은 있었는지 13학번이니 '13시'반으로 정했다고 한다. 신입생에게 통과의례처럼 내려오는 하늘마루의 밤매(밤에 동네슈퍼에 가서 과자 등 먹거리를 사오는 행위)와 처음 집에 와서 학교로 돌아가는 날 같은 방을 쓰는 선배들과 자치회의 때 동료들과 같이 나누어 먹겠다며 스스로 먹거리를 챙기는 모습을 보면서 사회성이란 교육을 통해서 길러지는 것이 아니라 생활 속에서 절로 생기는 것이란 생각이 들었다.

아이들의 한달 용돈은 3만 원인데 아이의 성향 및 성별에 따라 약간의 차이가 있겠지만 주로 간식을 먹거나 문화생활(PC방 등)을 하는 데 쓴다고 한다. 주말에는 충주에 가거나 가까운 덕산(학교에서 5.5킬로미터 거리) 대림마트에서 과자나 컵라면, 음료를 사먹고 평일에는 학교 2층 장미다방(고등작업장으로 간식과 음료를 판매하는 곳)에서 간식이나 음료로 허기를 달랜다고 한다.

용돈이 부족하면 서로 빌리고 빌려주고, 간식을 사주기도 하고 얻어먹기도 하면서 먹거리를 매개로 작은 경제활동을 하는 것이다. 한 번은 아이에게서 간만에 전화가 왔는데 "엄마 저 용돈 다 떨어졌어요. 용돈 좀 보내주세요." 하더란다. 벌써 어디에 다 썼어? "충주에서 탕수육 사먹고, 장미다방에서 간식 사먹고, 누구한테 얼마 빌려주고…… 원래 신입생은 돈을 많이 쓸 수밖에 없어요."

서글서글 넉살좋게 구는 아이의 모습에 학교 용돈정책에는 어긋나지만 어린 나이에 집 떠나 낯선 환경에 적응하고 있는데 먹고 싶은 것은 먹게 해야지 하는 마음에 용돈을 보내줄 수밖에 없었단다. 물질적으로 풍요한 시대 어쩌면 자발적 궁핍을 겪고 있는 우리 아이들은 무엇을 배우고 느낄까?

처음에는 눈길조차 주지 않았던 하늘마루 맞은편 녹색 세상을 보며 시나브로 희망을 찾게 될 것이고, 하늘마루를 오르내리는 과정에서 아이들의 다리와 심장은 튼튼해질 것이다. 더불어 자연을 소중하게 생각하는 마음과 영혼의 근육도 단단해질 것이다.

다양한 경험과 실패를 통해 세상에 존재하는 모든 것이 소중함을 알게 될 것이고 감사함을 느끼게 될 것이다. 하늘마루 밤하늘의 은빛 별물결을 보면서 천문학자의 꿈을 키워가는 아이도 있을 것이고, 풀벌레 우는 소리를 들으면서 곤충학자의 꿈을, 시냇가 민물고기와 다슬기를 보면서 민물 생태연구가의 꿈을, 간디공동체의 선순환적 생활 속에서 자립·생태적인 삶을 꿈꾸는 아이들로 성장할 것이다.

아이들아! 너희들의 경험을 하나도 하찮다고 생각하지 마라. 많은 것을 경험하고 또 실패하라. 사랑하라. 지금 사랑하는 것을 찾지 못했다면 끝없이 그것을 찾고 갈구하라. 사랑하게 되면 더 많이 더 깊이 알고 싶어질 것이고, 알면 알수록 서서히 미래에 대한 두려움은 없어지고 힘이 생길 것이다. 그런 힘을 길러주는 곳이 바로 너희들이 오늘도 부대끼며 살고 있는 제천간디다.

시간을 죽이고 살리는 아이들

강미영(4학년 준상맘)

'시간은 금이다.'

'오늘 하루를 헛되이 보내지 마라.'

'시간은 흐르는 물과 같아 한번 가면 다시 돌아오지 않는다.'

'일찍 일어난 새가 먹이를 먹는다.'

'오늘 할 일을 내일로 미루지 마라.' 등등 내가 알고 있는 시간에 대한 명언과 속담들은 죄다 지금 이 순간을 성실히 살아갈 때 후회 없는 내일이 올 것이라는 엄중한 경고성 멘트들이다. 그리고 40대 중반을 넘어서는 삶의 경험에서 나 또한 상당 부분 인정하는 내용들이다. 그. 런. 데……

2010년 첫아이가 간디에 입학한 그 순간부터, 난 내가 가지고 있던 시간에 대한 관념을 바꾸지 않고서는 평화로운 가정을 유지할 수 없었다. 여름겨울 방학과 약 5주에 한 번씩 돌아오는 1주일의 가정학습 기간을 합치면 쬐금 과장해서 1년의 반을 아이는 집에서 시간을 보냈다. 초등 때 친구들은 일반학교를 다니니 따로 만나기 어려웠고, 꼭 해야 하는 숙제가 있는 것도 아니니 아이는 대부분 늦게 자고 늦게 일어나며, 하루 종일 컴퓨터 게임에 빠져 있곤 했다. 집 떠나 학교생활과 기숙사생활을 하니 얼마나 힘들까 안쓰러워 놔두기도 하고, 공부하라고 보낸 학교가 아니니 공부하라고 다그칠 일도 아니었다. 다만 충분히 쉬고 잘 충전해서 학교로 돌아가 알차게 생활할 수 있길 바라며 답답하지만 그저 지켜보았다. 그럼 과연 학교에서는 잘 지냈을까.

가물가물하지만 거의 2학년 때까지도 아들은 자기 동기들 중에서도 수업신청이 가장 적어 학점이 적다고 담임 쌤한테 수정권고를 받기도 했고, 그나마 신청한 수업도 도서관에서 자거나 성실히 하지 못해 미이수로 학기당 한두 과목을 날려버렸다. 엄마의 입장에서는 그야말로 집에서도 학교에서도 시간을 죽이는 생활의 연속이었고, 아들의 입장에서는 무한한 시간이 주어졌지만, 그 시간의 의미를 찾기 어려운 무기력한 상태의 연속이었다. 바로 이 지점에서 간디교육의 핵심이 첨예하게 드러나는 게 아닐까 생각한다.

무한한 시간, 선택할 수 있는 자유, 그리고 전적으로 내 선택으로 채워지는 그 결과를 고스란히 내가 직면하는 그 과정. 아이든 어른이든 그런 과정에 놓이면 '진짜 자기 자신'을 만날 수밖에 없지 않을까. 내가 관심이 가는 것, 내가 좋아하고 싫어하는 것, 내가 가진 강점과 덮을 수 없는 나의 취약점, '나'라는 사람의 이런저런 모습들……. 물론 아이 자신은 아주 통합적이고 철학적인 성찰과정을 겪지는 않았을 것이다. 다만 표현하지 않지만 무한히 자신에게 실망하고 좌절하고 의문을 제기하며 고민하는 것만은 확실한 듯했다. 더구나 기숙생활인 만큼 100여 명 정도의 자기 또래 삶의 모델을 바로 지척에서 매일 지켜봐야 하지 않은가. 어찌 비교하고 판단하지 않을 수 있겠는가. 그야말로 자신의 내면에서 고요한 폭풍이 휘몰아치고 있었던 것이다.

이런 과정은 사춘기의 전형적인 특징이기도 하다. 하지만 청소년의 당연한 발달과업이기도 한 이런 과정을 공교육에 있는 아이들은 온전히 치러내지 못한다. 왜? 먼바다로 나가야 큰 폭풍도 만날 수 있는 법이니까. 공교육에 있는 아이들은 학교와 학원과 온갖 미래에 대한 준비로 지금 바다로 나갈 수 있는 여유가 없다. 그래서 당연히 폭풍우 휘몰아치는 위험에 온전히 노출될 시간이 없는 듯하다.

폭풍을 만나 아들은 산산이 부서진 듯했다. 학교생활, 친구관계, 자신과의 싸움 등 모든 것에서 한 발 물러나 자신을 보듬는 시간이 필요했다. 그래서 3학년 1학기 휴학을 했고, 장장 9개월에 걸친(겨울방학부터 3학년 여름방학 때까지) 휴학기간에 돌입했다. 이 또한 배움의 과정을 스스로 선택하고 조절하게 하는 간디의 교육과정이 있었기에 가능한 선택이었고, 이때도 부모의 요구는 한 가지였다. "네 시간을 네가 알아서 써라. 다만 지금 네 스스로 숙제를 해결하는 시간이 될 수 있도록 일기를 써보면 좋겠다."

아이는 한 달간 집을 떠나 장애인과 노인 보호시설에서 봉사활동을 했고, 폭풍우 치는 밤낮 자신에게 안식처가 되었던 기타를 집중적으로 배웠으며, 다가올 논문을 준비하기 위해 학교 입학 후 가장 많이 씸들과 자발적인 통화를 했다. 그리고 자기 스스로 취약하다고 생각되는 관계문제를 해결하기 위해 심리학 관련 책들을 읽으며 자신과 타인의 내면을 이해하기 위해 애썼으며, 부모의 조언을 받아들여 일기를 썼다. 학교 입학 후 처음으로 자신의 시간을 성과 있게 꾸리기 위해 애를 쓰고, 스스로 평가하는 아이의 모습을 보게 된 것이다. 그리고 그 속에서 성취감과 자신감을 아주 조금씩 되찾아가고 있었다.

그리고 고등부에 들어선 올 봄부터는 검정고시를 보겠다며 친구와 쌤들에게 물어가며 짬짬이 공부를 하고 있단다. 물론 간디에서 대학 공부를 어떻게 바라보는가는 별개의 토론이 필요한 문제지만, 다른 누군가가 아닌 본인 스스로의 고민 속에서 자기 삶의 또 다른 선택을 하고 책임을 지는 과정이란 점에서 우리 부부는 긍정적으로 받아들였다. 또 얼마 전 가정학습 때는 농사작업장을 하면서 협동조합에 관심이 생겼다며 관련 책을 들고 와서 읽고 있는 걸 발견했다. 학교수업과 관련해서 자발적으로 책을 읽는 모습은 처음 봐서 아이한테 내색은 안 했지만 깜짝 놀랐다. 그리하여 마침내 간디 입학 4년여 만에 아이한테서 할 일이 너무 많아 피곤하다는 얘기를 처음 들으며 생소하고 어리둥절해하고 있다.

우리 아이를 비롯해 모든 아이들은 나름의 과정 속에 있다. 그리고 제각기 다른 그 모든 과정을 존중하고 지켜보고자 하는 것이 간디교육의 주요한 핵심이라고 생각한다. 시간은 금이며, 한번 흘러간 시간은 다시 돌아오지 않지만, 또한 모든 시간은 금이며, 다시 되돌려야 할 헛된 시간은 아무것도 없는 것이다. 스스로 선택하는 모든 시간은 귀중하며, 그런 시간만이 살아 있는 삶의 시간이 될 수 있기 때문이다.

시간을 죽이고 살리는 아이들

간디학교의 아이들은 어제도 오늘도 내일도 자신의 살아 있는 시간을 살아가고 있는 것이다.

3부 천방지축 간디 아이들

사라진 남자 성기 모형과 성교육 CD

김수자(3학년 담임,학생부)

승질날 정도로 날씨 좋던 어느 봄날, 우중충한 교무실에 옹기종기 모여 앉은 중학교 가시내들……

"아~~ 썸 타고 싶다."

"엉? 뭐 타고 싶다고? 그게 뭐야?"

"'썸 탄다'도 몰라요? 그거 있잖아요. 본격적으로 연애 시작하기 전에 썸씽 줄줄 흘리는 거~"

요즘 아이들은 그걸 '썸 탄다'고 하나보다. 연애해본 사람들은 알 거다. 두 사람이 합의(?)한 후 공식커플로 지내는 기간보다 그 전 단계…… <u>으흐흐~</u>

'저 인간이 나한테 맘이 있는 건가?'

'나는 재를 그냥 친구로 좋아하는 걸까? 이성으로 사랑하는 걸까?'

'그때 나한테 한 그 눈짓과 말은 무슨 의미일까?'

'오늘 전화가 올까? 안 올까?'

혼자 막 이런저런 궁리하고 주변에서는 또 엄청나게 변죽 울려주는 그런 시기 말이다. 아이들도 그런 짜릿함과 설레임을 아는 것이다. 당장의 연애보다 바로 그 전단계의 썸씽을 더 즐기는 터이다. 그러나 그렇게 썸 타고 싶어 하면서도 모태솔로를 벗어나지 못하고 있는 이팔청춘들의 현실보다 더 불행한 것은 제천간디학교에서 이런 '썸 탐'이 불가능하다는 거.

왜냐? 여기서는 언제나 24시간 100여 명의 200여 개의 눈동자가 지켜보고 있다고, 몇 시간 전의 일도 곧장 다 퍼져버린다고, 나 원 참!

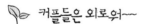 커플들은 외로워~~

중등만 있던 제천간디학교에 고등과정이 생기면서 급작스럽게 커플들이 대거 등장하였다. 당연하게 스킨십이나 연애행각이 다소 심각한 수준까지 이르렀다. 특이한 현상으로는 여연상 남연하 커플이 많았다는 점도 있고, 운동장 한복판에서 보란 듯이 백허그한 채 키스를 한다거나, 가족회의나 주를 여는 시간 같은 전체가 모이는 자리에서도 거의 포개지다시피 두 사람이 앉아 있는 모습이 종종 눈에 띄었다. 더군다나 조각조각 나 있는 교실, 도서관 등에 무심코 들어갔다가 민망한 모습을 보고 발길을 돌려야 하는

일도 생겼다.

그러던 어느 날 생활관 회의 건의 안건이 올라왔다.

"커플들의 스킨십이 너무 불편하다. 전체가 모인 자리에서 둘만 너무 붙어 있어서 보기도 안 좋고…… 다목적실 같은 데 들어갔다가 민망한 모습 보고 나오게 된다. 결과적으로 두 사람만 그 넓은 공간을 차지하게 된다."라는 요지였다. 그것에 맞대응하는 논리는 "괜히 연애 못하는 사람들의 시샘이다."였다. 이 안건이 꽤나 심각하게 논의되고 결국은 가족회의 안건으로까지 올라오는 지경이 이르렀다.

결국 이런 공동체 내에서의 연애가 단순히 두 사람만의 지극히 개인적인 문제가 아님이 인정되었고 커플들이 한번 모여서 이야기해보자는 쪽으로 모아졌다. 대략 6~7커플 10여 명이 모였다. 이 자리에서 오간 이야기는 대부분이 불만과 불쾌감의 토로였다.

"괜히 연애 못 하는 사람들의 시샘이다."

"그러면 우리는 어디 가서 연애하라는 거냐?"

"학교에서는 못 본 척 지내다가 집이나 충주 나가서 연애하라는 거냐?"

"학교에 공간이 너무 없다."

"그렇지만 연애라는 것이 단지 두 사람만의 감정 문제가 아니라 주변의 지지와 인정도 필요한 것이니까 서로 조심하자."

"아~ 커플들이 더 외롭다. 이렇게 집단으로 다구리 당하다니……"

등등 딱히 이렇다 할 성과 없이 한 번의 모임으로 끝났으나 이 사건은 두고두고 회자되었고 공동체 내에서의 연애라는 것이 어떠해야 하는가에 대한 의문을 각자에게 남기게 되었다.

🌿 미제로 남은 실종사건

　　　　　　　　아는 사람은 다 알 것이다. 이런 기숙형 학교에서 '도난' 문제가 얼마나 전체 가족을 힘들게 하는지. 그러나 제천간디학교 개교 이래 제대로 광고 한 번 못하고 미제로 묻어버린 (도난으로 추정되는) 실종사건이 있다.

　무엇보다 솔직하고 실제에 가깝게 다가가야 하는 성 관련 수업에 많은 교재교구가 필요하다.

　그중 하나가 피임도구 세트이다. 노트북 가방처럼 생긴 가방 안에 온갖 피임도구가 들어 있는 성교육 교구 세트가 있다. 거기에는 남자 성기 모형, 다양한 모양의 콘돔, 자궁 실제크기 모형, 다양한 루프, 링, 피임약, 배란주기 계산기, 살정제, 페미돔 등이 들어 있다. 그 세트를 열어 하나하나 공개하면서 실제에 가까운 모형을 보여주며 피임법을 설명하고 마지막에는 콘돔을 하나씩 나누어주고 직접 콘돔 사용법도 배운다.

　각종 과일향이 나는 콘돔도 신기하고 미끄덩거리는 느낌에 몸서리치기도 하고 그걸 장난삼아 풍선처럼 불어 놓기도 하고 그러면 입 주위에 기름기가 좔좔 흐르고 딱딱한 플라스틱 남자성기 모형에 직접 끼워보기도 하며 수업을 보낸다.

　또 하나 즐겨 사용하는 교구는 '아하! 청소년성문화센터'에서 제작한 'what is sexuality?'라는 CD이다. 이 CD는 성교육 첫 시간에 꼭 본다. 항상 첫 시간은 '성이란 무엇인가?'라는 주제로 진행하는 데 성이란 sex, gender, sexuality를 모두 포함하는 꽤 광범위한 개념이라는 점을 이야기한다. 이 수업을 진행하기 위한 모두활동으로 참 좋은 영상자료라고 생각해서 자주 사용한다. 이 영상에는 성과 관련된 다양한 사진들이 나온다. 동성애, 육체, 장애인, 노인, 청소년, 자위, 성역할, 성차별, 성폭력, 사랑, 임신, 아기 등 함께 보고 기억에 남는 사진들에 대해 이야기하면서 수업은 시작된다.

그러나 이런 훌륭한 교구들도 한 학기에 한두 번 사용하면 자료실에 보관할 수밖에 없다. 전 학기에 사용하고 잘 보관하고 있다가 다음 학기 수업 때 또 사용한다.

그러던 어느 날, 수업 하려고 보니 피임도구 가방 속에 잘 누워 있어야 하는 남자성기 모형과 그 CD가 없어진 것이다.

대략 난감했다. 당장 수업은 어떻게 할 것이며, 이것들은 도대체 언제 어떻게 없어졌는지, 그냥 보기에도 흉측한 것이 어디서 어떻게 쓰이고 있을 것인지, 이 분실을 뭐라고 알림해서 수소문할 것인지 딱히 제대로 된 분실광고 한 번 못 한 채 미제의 사건으로 남은 (도난으로 추측되는) 실종사건으로 기록되고 있다.

🌱 생활관 침입사건

몇 년 전 학교 전체가 몸살을 앓았던 큰 사건이 생겼다. 6월 말 7월 초쯤? 초여름 더위가 기승을 부리던 때였다. 아침 일찍 학교가 술렁였다. 한 여학생이 어젯밤 2층 침대에서 자고 있었는데 누군가가 들어와 몸을 만졌고 놀라서 깼고 그 남학생은 후다닥 도망갔다는 것이다. 다행이랄까 그 여학생이 잠결이었으나 똑똑히 그 남학생을 보았다는 것이다.

교사와 학생 할 것 없이 너무 놀랄 큰 사건이었지만 당사자를 분명히 보았다고 하니 사건은 금세 풀릴 예상이었다. 그러나 문제는 그 다음이었다. 여학생이 보았다고 지목한 남학생이 본인이 아니라고 한 것이다. 이런 유의 사건을 처음 접하기도 했던 터라 그 후 사건 해결과정은 너무 지난하고 힘들었다.

기말이었지만 수업이고 뭐고 다 필요 없는 상황이었다. 1주일이 넘게 매일 회의하고 개별 면담하고 학급별로 회의하고 다시 모여 공유하는 과정에서 해당 여학생은 물론 여학생 전체가 불쾌감을 드러냈고 지목받은 남학생은 억울함을 넘어서 너무 많은 상처를 받았다. 또한 지속되는 회의에서 속속 드러난 반성 고백의 쪽지는 더 놀라움을 주었다.

남학생들이 여학생 생활관을 자주 드나들었다는 것이다. 낮시간에 텅 빈 생활관에 올라가 호기심에 여학생 쪽 방을 들어가 보기도 하고 가끔은 여학생들의 빨래를 장난삼아 훔쳐오기도 했고 생활관 뒤편으로 가서 중정 쪽으로 난 통유리창으로 여학생들의 밤 생활을 훔쳐보기도 했다는 것이다. 더 옛날 일로는 학교 본관 2층을 생활관으로 사용할 시기에 2층 천장을 통해 여학생 숙소 쪽으로 넘어가 화장실 환기구를 통해 들여다보기도 했다는 등의 일들이 나온 것이다.

학교 전체가 멘붕상태가 되었다. 사건들은 사건들대로 드러나고 그 사건들마다 경악스러웠으며, 그 과정에서 개개인은 물론 여학생·남학생으로 편이 갈라져 서로 상처주고 상처받는 일들이 계속되었다. 어디서 어떻게 사건을 풀어나가야 할지 아무도 모르는 상황이 계속되었다.

결국 시간이 가면서 직접적인 계기가 된 사건의 당사자가 고백하고 사과를 했다. 남학생 전체가 여학생들에게 사과를 하고, 이러한 사실을 전혀 몰랐고 사건진행 과정에서 무능함을 보였던 교사들도 크게 반성하였다.

긴급 총회가 열려 대부분의 부모님들이 모인 자리에서 그동안의 상황을 공유하고 반성지점을 명확히 하며 앞으로의 대책을 논의하였다. 10대 아이들이 함께 기숙하는 학교에서 그동안 형제같이 남매같이 우리는 가족이다, 공동체다 하며 조금은 무심하게 지냈던 우리의 모습을 전체가 각성하였다. 그해 여름, 교사들은 여름방학을 대부분 반납한 채 아침마다 반성하는 의미로 108배를 하고 월급동결이라는 벌칙을 스스로 받았으며 그렇게 모아진 재정으로 생활관에 커튼과 스크린을 제작해 달고 가림막 공사를 했다.

🌱 아이들이 생각하는
데이트 방법

'10대의 성'이라는 수업을 중등학생들을 대상으로 수업을 진행한다. 그 수업에서 연애에 대해 이야기를 한다. 그 나이 때에 직접 연애를 하지 않더라고 충분히 성적 환상을 가지고 상상을 하는 것이 좋다고 생각하기에 많은 이야기가 오간다.

아이들이 생각하는 데이트 방법을 몇 가지 적어보겠다.

10일 기념 : 손잡고 산책. 머리카락 쓱싹쓱싹 해주기. 포옹하기. 영화 보러가기.

한 달 기념 : 가벼운 뽀뽀. 잠자리 전 전화 혹은 문자. 바닷가 놀러

가기. 꼭 껴안기.

100일 기념 : 커플링 커플티. 곰돌이인형 선물받기. 커플티 입고 명동거리 손잡고 걷기. 노래방 가기. 뽀뽀. 키스. 콘서트장 가기. 하루 함께 보내기…… 키스까지…… 어느 밤, 공원에서, 사랑한다 100번 말하고 뽀뽀 100번 해주기.

발렌타인데이 : 꽃다발과 초콜릿.

화이트데이 : 사탕꽃다발. 곰인형.

기타 데이트 방법 : 분식집 가기. 곰 인형 선물 받기. 크리스마스 때 산타 분장하고 돌아다니기. 놀이동산. 스티커 사진 찍기. 영화보기. 집에서 요리해 먹기. 나무 심기. 같이 옷 사러 가기.

보면 알겠지만 수강생들이 대부분 여학생들이라는 점이다.

🌱 4·19/5·18 정신
계승마라톤

제천간디학교에서는 4·19 혹은 5·18에 '정신계승 마라톤'을 한다. 마라톤이라고 해봐야 덕산에서 학교까지 혹은 학교에서 도기 쪽 돌아오기 등 대략 5킬로미터 남짓한 거리를 뛰는 것이다. 그것도 뛴다기보다는 거의 느그적거리며 걷거나 산책한다는 것이 더 정확한 표현일 것이다. 아이들에게 대한민국 현대사의 중요한 역사적 사건이 어떻게 이해되고 다가갈까?

제천간디학교의 마라톤은 남녀가 짝지어 손잡고 달려야 하는 필수 조건이 있다. 그러니 마라톤 신청 대자보가 붙기 시작해서 당일까지

제천간디학교에서는 4.19 혹은 5.18에 '정신
계승 마라톤'을 한다.

2~3주간은 학교가 술렁인다. 날씨도 사람 마음 싱숭생숭하게 만드는 좋은 봄날인데다가 한 시간 남짓을 손 꼭 잡고 뛸 수 있는 절호의 기회이니 그럴 수밖에 없다. 마음속으로만 끙끙 앓으며 고백 한번 제대로 못하던 사람이 용기내어 간접적으로나마 마음을 전달할 수 있는 좋은 핑계가 또 있겠는가?

그래도 역쉬 언제나 복병은 있는 법!

인기 있는 여학생을 흠모하던 여러 연적들이(당사자에게는 고백도 못하는 것들이 어찌 서로가 연적인 것은 귀신같이 서로 아는지) 서로서로 눈치만 보며 기회를 노리고 있던 찰나, 정말 눈치 없고 생각 없고 철딱서니라고는 눈꼽만치도 없는 1학년 녀석이 그 누나에게 슬쩍 던진다.

"누나 나랑 뛰자."

그날 밤 생활관에서 여러 남학생들 숱하게 쓰러졌다는 이야기가 전해진다.

졸업생 이야기 3
그땐 그랬지♪

김예림(3학년)
인터뷰 대상자 : 백동훈(05학번)

무려 2005년도에 입학했던 졸업생이 전하는 간디학교 이야기! 예전에 이슈가 되었던 사건들, 유행했던 문화, 동아리는 어땠는지, 재미있는 사건사고는 무엇이 있었는지 궁금하지 않나요? 간디학교를 졸업하고 졸업생들이 무엇을 하고 사는지 근황이 궁금하지 않으세요? 네네, 빠르게 팔리고 있습니다. 여러분들도 어서 눈을 크게 뜨고 준비하세요! 재밌는 얘기 놓쳤다고 나중에 후회하지 말고, 지금 바로 읽는 겁니다!

가격: 5분의 시간
BGM: 그땐 그랬지

Q. 안녕하세요. 먼저 자기소개 부탁드릴게요!

A. 제 이름은 백동훈이고, 현재 스물세 살로 2010년도에 간디학교를 졸업했어요. 졸업 후 1년 동안은 필리핀간디학교 사감을 하고, 나머지 1년은 검정고시 준비를 해서 현재는 성공회대학교 1학년입니다. 또 남자이고, 뭐, 자기소개할 게……(웃음)

Q. 졸업 후 사회생활을 하며 학교에서 배웠던 것들이 어떻게 도움이 되었나요?

A. 학교에서 배운 것들 중 지식적인 면은 거의 없다고 생각해요. 수업보다는 고등부 때 가는 개인 무빙스쿨(움직이는학교), 6학년 때 가는 인턴십이 더 기억에 남아요. 이걸 통해 세상에 다양한 길이 있고, 그것들을 경험을 해볼 수 있었던 점이 좋았어요. 다양한 경험을 통해 앞으로 어떻게 살고 싶은지에 대해 생각할 수 있게 되니까 내가 가야 할 방향이 보인 것 같아요.

　학교 다닐 때는 그게 당연한 거라고 생각했어요. 그런데 대학교에 가보니까 같은 1학년이라도 어떻게 살아가고 싶은지에 대한 생각을 하느냐, 안 하느냐에 따라 좀 차이가 나더라고요. 그런 점이 학교에서 배운 거고 제일 도움이 되는 게 아닌가 싶어요.

Q. 사회에 나가서 새롭게 깨달은 점이 있다면 어떤 것이 있을까요?

A. 만약에 예림 친구도 대학교에 가게 된다면, 친구들과는 좀 다르다는 걸 느낄 거예요. 왜냐면 친구들은 대학교를 자기가 선택해서 온 것이 아니라 고등학교 3년 성적에 맞춰서 오는 경우가 많아요. 그러다보

니까 이 학교에서 뭘 배우고 싶은지에 대한 목적이 없어서 학교생활을 잘 못 하는 경우가 있더라고요. 벌써 휴학이나 자퇴를 하는 친구들도 생겨나고 있어요. 다른 친구들과 비교하긴 조금 그렇지만 저는 아무래도 학교에서 뭘 배워야겠다는 목적의식을 갖고 들어갔으니까 열심히 하려는 게 있었던 것 같아요.

Q. 1년간 일반학교를 다니다가 간디학교에 왔다고 들었는데, 그 계기가 무엇인가요?

A. 제가 전국에서 등수가 5위 안에 드는 학교에 들어갔었어요. 그곳이 공부를 많이 시키기도 하고, 공부를 잘하는 애들도 엄청 많은 학교였어요. 학교에서 하는 공부는 별로 힘들지 않았는데, 친한 친구 중에 정신지체장애가 약간 있는 친구가 있었어요. 그 친구는 공부를 못했고, 저는 걔보다는 잘했어요. 근데 선생님이 저희 둘이 친하니까 불러서 대놓고 그 친구를 막 욕하면서 뭐라고 하는 거예요. 저 때문에 친구가 비교되고 욕먹으니까 기분이 나빴어요. 그래서 그 기간에 일반학교를 다녀야 하나? 이런 생각이 들었고, 마침 동생 동민이가 찾아보고 있던 대안학교들을 바탕으로 간디학교에 지원을 했어요. 사실 큰 결정이었는데 워낙 그 일에 대해 충격이 심해 많이 망설이지 않았어요. 대안학교에 온 친구들은 부모님이 권한 경우도 많잖아요. 저는 제 의지로 와서 그런지 지금 돌아봐도 후회는 없어요.

Q. 재학 중 학생회장, 부회장을 맡았었는데 선거를 할 때 냈던 공약은 어떤 것이 있나요?

A. 교내 자치매점을 잘 살려보겠다는 것, 학생들이 어떠한 것을 이야기하고 싶을 때 그걸 학생회에 좀더 직접적으로 이야기할 수 있도록 하겠다는 걸 공약으로 내세웠어요. 그래서 소리함 같은 것을 적극적으로 활용하게 했죠. 근데 사실 학생들의 얘기를 듣겠다는 건 잘 이루어지지 않았어요. 학교를 다닐 때는 잘 몰랐는데 요즘은 그게 구조의 문제가 아니었나 하는 생각이 들어요. 시도는 좋았다고 생각하지만 학생들이 달라질 필요가 있는 거죠.

Q. 학생회장을 맡을 당시 크게 이슈가 되었던 안건이나 문제는 어떤 것이 있을까요?

A. 도난이 가장 큰 이슈였던 것 같아요. 그때는 지금보다 도난이 훨씬 심해서 회의도 엄청 자주 했는데, 회의는 계속 해야 하고, 진전이 없는데 진행을 해야 하니, 애들도 짜증나고 힘들었었어요. 그런데 도난 문제는 사람이 있는 곳이라면 있을 수밖에 없는 것 같아요. 지금은 많이 없어지는 편 아닌가요? 저희는 중학교 때는 남자기숙사에 도난사고가 일어나서 벌칙으로 새벽마다 도기까지 달리기도 했었어요. 도난이 좀 심한 편이었죠.

Q. 학교에 대한 불만은 무엇이 있나요?

A. 제가 학교 재학 중일 때 로체라는 산에 올라가는 로체 원정대를 어떻게 알게 되어서 지원을 했어요. 근데 최종 합격이 되어 20명이 매번 산행 훈련하러 다녔죠.

　그런데 히말라야 최종 고지가 5545미터에요. 5500미터 대는 일반

인도 가기 힘들기 때문에 5차에 걸친 훈련을 굉장히 많이 해야 해요. 그러면 학교수업을 빠져야 하는데 교사는 네가 마음먹은 게 있어도 학교 교육과정을 먼저 따라야 하지 않겠느냐고 하고, 저는 교사라면 학생이 마음먹은 건 도와줘야 하는 것 아니냐 하는 생각에 충돌이 있었어요. 선생님들은 자꾸 뭐라고 하고 저는 가야 하는 상황이고요. 그래서 저는 나중에 미이수 처리를 각오하고 다 빠지고 갔죠. 근데 또 잘 갔다 오니까 쌤들은 가지 말라고 했으면서 자랑스럽게 생각하셨어요.

Q. 학교를 다니며 좋았던 점은 어떤 것이 있을까요?

A. 상미쌤이라는 과학쌤이 좋아서 그 수업도 무척 좋아했어요. 또 교육과정 중 인턴십이라는 기간이 주어진 게 좋았어요. 간디학교에 저 같은 아이들만 있는 것은 아니니까 사람들이 오해를 할지 모르겠는데, 저는 그런 스타일이었어요. 제가 하고 싶은 것이나 궁금해하는 것이 있으면, 그것에 대한 소스를 주변 분들이 주셨어요. 그러다보니까 관심을 가질 수 있는 기회가 생겼고 개인무빙이나 인턴십같이 학교를 떠나서 제가 뭔가를 할 수 있는 기간이 주어진 게 되게 좋았던 것 같아요. 6학년 때는 현숙쌤이 담당이셨는데, 쌤한테 다른 학교 안 들어가고 여기 있고 싶다고 하기도 했고요.

Q. 학교 수업 중 기억에 남는 수업은 무엇이 있나요?

A. 음, 혹시 개인프로젝트는 지금도 있어요? 저희 때는 개인프로젝트를 거의 유행처럼 다 했어요. 왜냐면 내가 주차별로 계획을 세워서 배우고 싶은 걸 스스로 찾아서 배울 수 있고 학교 선생님들이 하는 대로

안 따라가도 되니까요. 저희는 어떻게든 그걸 해서 학점을 따려고 했었거든요. 저도 친구랑 신문읽기 프로젝트 이런 걸 해서 매일 오는 신문을 펀치를 내서 홀대에 끼워 넣기만 하는 걸 했었어요. (기자─아, 그거 지금도 학교에 있는데!) 아직도 있어요? 그거 저희가 했거든요.(웃음) 결국 수업 이수를 하긴 했는데 담당이었던 상현쌤이 엄청 못 했다고 했어요. 저는 개인프로젝트로 요리도 했어요. 주차별로 한 주는 궁중떡볶이, 한 주는 갈비찜 이런 식으로 혼자 요리수업을 했죠. 애들 수업하는 시간에 난 요리를 하니까 좋잖아요. 먹을 수도 있고. 이런 게 가장 기억에 남네요.

Q. 동아리는 어떤 것을 했나요?

A. 풍물 동아리인 솔뫼바람하고, 환경동아리인 지구 특공대랑, 축구 동아리도 했고, 짱쌤이 하셨던 봉사동아리도 했죠. 솔뫼는 당시 사람이 엄청 많았어요. 저희 학년에만 5명 있었고 아래 학년에는 7명 정도 있었던 것 같고요. 아, 지금 솔뫼 악기실에 악기 거치대도 제가 만들었거든요. 제가 있을 때 계셨던 라장흠 싸부도 되게 잘 가르쳐주셔서 전수도 재밌게 했었어요. 때리기도 많이 때렸었는데. 상쇠하면 기억력이 안 좋은데도 기억해야 하니까 저도 진짜 많이 맞았거든요. 근데 지금은 어떤지 몰라도 그분이 했을 때는 전수 진짜 재밌게 했어요.

그리고 당시 솔뫼가 외부 공연을 많이 다녀서 돈이 엄청 많은 동아리였어요. 손쌤이 담당교사셨는데 마을 분들을 많이 아니까 연결해주셔서 공연 가고, 또 풍물 치면서 한 바퀴 돌면 어르신들이 장구나 주머니 같은 데에 돈을 넣어주시는 것도 수입이 되게 짭짤하거든요. 어디

가서 제대로 공연 하면 20만 원씩 받고, 회식도 많이 갔고요.

동아리는 지금 학생들의 성향에 따라서 잘되고 안 되고가 달린 것 같아요. 예를 들면, 저희는 록음악을 좋아하는 친구가 되게 많았어요. 좋아하다 보니까 실력도 많이 늘었죠. 지락 동아리에 도움도 많이 됐는데 그렇게 기반이 되어 있어도 지금 학생들이 얼마나 록을 좋아하냐에 따라 그 동아리가 흥하는지 망하는지가 결정되니까요.

Q. 그 당시 재밌었던 사건사고가 있다면요?

A. 지금 학교 2층 교실이 기숙사일 때였어요. 어느 날 반경 4킬로미터까지 터지는 무전기가 생긴 거예요. 그래서 무전기를 어떻게 쓸까 하다가 몰래 매점을 가기로 했죠. 이제 사감쌤한테 안 걸리려고 무전기 하나를 방에 두고 3학년 형한테 무전 받으면서 망 좀 봐달라고 했어요. 과학실 맞은편에 있는 뒷문으로 뛰어 내려가서 저랑 노란머리 친구랑 빙 돌아서 학교 정문 앞을 지나갔어요. 그 형한테 무전으로 무슨 일 없냐고 물어봤더니 '아무 일 없고 사감도 안 돌아다녀. 형이 다 망 봐주고 있다'고 해서 무사히 매점에 다녀와 안심을 했어요. 근데 다음 날 사감쌤이 오시더니 어제 너하고 노란머리가 학교 앞을 지나가던데 무전기 들고 왔냐? 이러시는 거예요. (웃음) 제 성격에 거짓말도 못 해서 들고 왔습니다~ 하고서 무전기 가져오자마자 한 번 쓰고 뺏겼죠.

또 저는 처음 매점에 갔을 때도 친구 넷이서 갔어요. 매점 앞에 가서 차 뒤에 넷이 숨어 있다 한 명씩 들어갔었죠. 저는 세 번째에 서 있고요. 첫 번째 애가 들어가더니 두 번째 친구한테 좀 머뭇거리더니 들어오라는 거예요. 두 번째 친구가 들어갔죠. 그 친구가 들어가서 또 머뭇거리더니 저한테 오라는 거예요. 저도 들어갔죠. 들어갔는데 마을 이장님하고 손쌤이 거기서 술을 마시고 계시는 거예요. 그래서 저도 네 번째 친구한테 들어오라고 했어요. 하하하. 손쌤이 아이스크림을 사주셨어요. 그런 게 참 재밌었어요. 서로 다 일러바치면 재미없죠.

Q. 예전에만 볼 수 있었던 풍경이 있다면요?

A. 왜 작은 식당 들어가기 전에 틀이 하나 있잖아요. 기숙사가 바로 학교 2층이다 보니까 식당을 털러 자주 갔었어요. 문틀이 있으면 왼쪽 창문 맨 위에만 열려 있었거든요. 우리가 거기를 뚫고 들어갔어요. 밑에 세 명이 받치고 한 명이 넘어가서 간장이랑 참기름을 꺼내왔는데 알고 보니까 참기름이 까나리액젓이라서 걔가 엄청 두들겨 맞기도 했었죠. 다시 갖다놓고 참기름 꺼내 와서 먹고. 옛날엔 그런 게 진짜 많았어요.

제가 고학년이 되어서는 집이 학교 근처라 통학하다 보니까 집에 가서 먹어도 되고, 그런 쪽에 관심도 없어서 요즘에도 그런지는 잘 모르겠네요.

Q. 윤하쌤에게 이야기를 들었는데, "저는 최종적인 꿈이 간디학교 교사인데, 지금의 교사들처럼 학생의 말을 존중하지 않는 교사는 되고 싶지 않다"고 했다던데, 지금은 어떤가요?

A. 친구들도 4학년 때 필리핀 가면 알 텐데 맛있는 게 진짜 많아요. 필리핀 과자와 컵라면도 맛있고 쫄면 같은 게 진짜 맛있단 말이에요. 눈앞에 두고도 못 먹게 하니까 짜증이 나서 그런 말을 한 거죠. 옛날에

3부 천방지축 간디 아이들

간디학교 교사가 꿈이었는데 지금은 명확한 꿈이라기보다는 집도 이곳이고 하니 언젠가 간디학교에 돌아와서 도움을 주고 싶다는 생각이 들어요. 그래서 제가 윤하쌤이랑 필쌤한테 쌤들 같은 교사가 어떻게 간디학교 교사냐 이렇게 말하곤 했었어요. 제가 하고 싶은 걸 못 하게 하니까 화를 낸 거죠. 어릴 땐데 컵라면이 몸에 안 좋은 건 알지만 그래도 먹고 싶잖아요. 한두 번 먹게 하면 되지 자꾸 안 된다고 하니까 짜증이 난거죠.

Q. 앞으로의 계획은 어떤 것이 있나요?

A. 저는 팔레스타인 분쟁 문제에 관심이 있어서 그 문제를 해결할 수 있는 곳에 소속되고 싶다는 생각이 커요. 현재로는 그렇게 할 수 있는 곳이 UN이 될 수도 있고, NGO단체가 될 수도 있고, 교수가 될 수도 있고, 활동가가 될 수도 있다고 생각해요. 팔레스타인 분쟁을 해결하고 그쪽에 평화를 다시 찾을 수 있는 쪽의 활동과 공부를 하고 싶어요. 환경 쪽에도 관심이 많아요. 원래 대학교 간 것도 환경 관련 공부를 하기 위해서예요. 사실 졸업을 할지는 잘 모르겠어요. 여기서 배울 수 있는 게 한계가 있다 싶으면 더 많이 배울 수 있는 곳으로 가는 게 당연하다고 생각해요. 학교를 졸업하기 위해 다니는 건 아니에요. 앞으로 천천히 배우면서 생각해보려고요. 아직 스물셋이니까 급할 필요는 없잖아요. 칠십이 인생의 전성기 아닌가요?(웃음)

Q. 제천간디학교 10주년을 맞아 한마디 한다면요!

A. 지금 제천간디학교가 어떤 모습인지 잘 몰라요. 그런데 쌤들과 애

기해보면서 드는 느낌으로는 예전과는 많이 달라졌다는 생각이 들고, 다른 사람들도 이런 말을 하는지 모르겠지만 초심으로 돌아가는 게 중요한 것 같아요. 이 학교가 왜 세워졌고, 누구를 위해서 생겼는지 좀 더 생각했을 때, 학교가 앞으로 어떻게 나아가야 할지 방향을 확실히 잡을 수 있을 것 같아요. 지금은 어떤 교사들이 와 있고, 얼마나 자주 바뀌는지는 모르겠지만 예전 모습을 생각해봐야 한다는 생각이 듭니다.

흔히 역사를 알아야 미래가 보인다고 하죠? 제가 모르던 예전의 간디학교 모습과 이야기들을 들으니 많은 생각이 듭니다. 학생들도, 선생님들도 우리가 목표하는 배움이 무엇인지 생각해볼 수 있었으면 좋겠네요. 바쁜 일상 중 시간 내준 백동훈 선배에게 감사드립니다! 학교를 졸업한 후의 이야기도 들을 수 있어 좋았어요. 언젠가 학교에서도 다시 만날 수 있길 바라요!

4부

흔들리며 피는 꽃, 제천간디학교

대안학교는 귀족리그인가?

최병윤(3학년 형규빠)

대안교육에 대한 고민은 형규가 초등학교 3학년이 되면서부터 하게 되었다. 또래의 아이들처럼 평범한 초등학생이었다. 하지만 여느 가정처럼 시험 때가 되면 일정 정도의 분량을 정해놓고 문제를 풀면서 형규는 형규대로, 엄마는 엄마대로 스트레스를 받으며 서로가 힘들어하는 모습을 보면서 지금처럼 이런 스트레스가 계속되어서는 모두가 힘들겠다는 생각을 하게 되었다. 그러면 아이와 부모가 서로에게 스트레스를 주고받지 않으면서 학교생활을 할 수 있는 방법은 없을까 고민하다 대안교육을 떠올렸다. 주변의 아이들도 학교와 시험 그리고 학원을 오가면서 학교생활이 즐겁다는 느낌보다 좋은 대학이라는 목표를 위해 너무나 많은 것들을 포기하며 산다. 정작 자신이 무엇을 좋아하는

지 고민조차 할 수 없는 공교육에 대한 절망과 안타까움이 다른 교육 방식을 고민하고 찾아보게 만들었다. 그동안 알고 지내던 금산간디학교의 김정식 쌤을 통해 입학과정과 학교생활에 대한 궁금증과 고민을 나누면서 대안교육을 알게 되었고 하나씩 배우면서 준비를 하였다.

물론 형규는 대안교육에 대해 들어보거나 접해보지는 못했었다. 제천간디의 방학캠프를 통해서 대안교육을 경험한 것이 전부였다. 다행히도 형규가 초등학교 4학년을 전후해서는 사마귀와 뱀에 대한 탐구를 한창 재미있어하고 열중할 때여서 그런지 몰라도 제천의 시골생활 캠프를 즐거워했다. 짧은 시간의 체험과 경험이었지만 형규는 초등학교 5학년 말부터 제천학교로의 진로선택을 나름 분명하게 입장을 정리하고 준비하였다. 서류전형을 준비하면서도 부모보다 더 극성으로 준비하며 최선을 다하는 모습을 보였다. 오히려 아빠인 내가 조금 걱정이 되기도 했다. 왜냐하면 형규가 처음부터 대안교육을 고민하지 않았기 때문이다. 자칫 부모의 생각을 강요하고 있지는 않은지? 혹여 주변의 친구들과 다른 교육방식에 후회라도 하지 않을까 걱정도 있었지만 지금까지 잘 적응하고 있고 나름대로 자신의 고민을 키워나가는 것 같아 안심이 된다.

돌이켜보면 대안교육을 아이들이 스스로 선택하는 경우도 있지만 대부분 부모들의 고민과 아이들과의 소통 그리고 경험을 통해 선택하게 되는 것 같다. 초등학교부터 대안교육을 고민하고 실천한 학부모들도 있지만 나의 경우에는 초등학교 대안교육을 경험하지 못해 중학교, 고등학교 과정의 대안교육에 대하여 처음에는 갈등과 고민이 없지 않았지만 돌이켜보면 괜한 걱정을 한 것 같다. 형규의 동생 다빈이도 대안교육으로 진학을 기대하며 계절학교를 보냈지만 이런저런 이유를 들면서 간디학교로의 진학을 포기하고 제도권 교육을 선택하여 중학교 1학년을 다니고 있다. 아이들의 자발적 선택인가 아니면 부모들의 강요인가? 이분법적으로 판단하기에는 너무 단순하다는 느낌이다. 제도권에서도 나름대로 많은 고민을 하면서 좀더 다양한 교육을 시도하고 있기는 하지만 아직도 획일적인 교육방식, 다양한 생각과 가치를 존중하지 못하는 한계가 분명히 있다. 또한 많은 학부모들이 느끼는 제도권교육의 문제와 한계에도 불구하고 대안교육의 선택을 망설이게 하는 이유는 대학, 졸업 후의 취업과 진로, 사회적 관념 이런 것들이라 생각한다.

초등학교 5, 6학년 아이들이 대다수의 친구들과 다른 대안교육을 고민하고 선택하기에는 많은 갈등과 어려움이 있을 것이다. 결국 부모들이 제안하고 그 경험을 바탕으로 선택하지 않았나 생각한다.

내 주변의 사람들은 제도권 교육을 개혁하고 바꿔나가는 노력을 해야지 대안교육을 선택하는 것은 결국 현재의 모순을 외면하는 도피라는 주장도 제기한다. 또한 제도권 교육의 문제를 외면하면 결국 그 문제는 개선되지 않는다며 대안교육의 선택을 흔쾌히 찬성하지 않은 부모들도 있다. 또한 일반학교보다 비싼 학비를 문제제기하며 일부의 혜택받은 아이들로 치부하기도 한다.

사람들은 자신이 느끼고 생각하는 것만큼 선택하고 행동한다. 제도권을 통해서 문제를 해결하는 학부모도 있고, 대안교육을 통해서 제도권의 문제를 제기할 수도 있다. 중요한 것은 각자의 위치에서 현재의 모순을 바꾸어 나가려는 쉼없는 노력들과 행동들이 지금의 모순을 조금이라도 변화시킨다는 것이다. 더 많은 대안교육이 이루어지고 더 많은 아이들이 다양한 대안교육을 받게 된다면 지금과 같이 교육청의 획일적 잣대에 근거한 학력인정은 변화될 수밖에 없을 것이다. 필수 교과과정 이외의 다양한 교과과정을 인정할 때 좀더 다양한 대안교육이 활성화될 것이다.

귀족학교 운운하는 학부모들의 입장에서 보면 소수의 선택받은 아이들로 규정할 수 있지만 그 기준은 무엇일까? 단순하게 일반학교보다 많은 비용을 근거로 그런 주장을 하고 있지만 논리가 빈약해 보인다. 중,고등학생의 대다수는 학교수업이 끝나면 학원 한두 개 정도는 기본으로 다닌다. 그 비용이 결코 만만치 않다.

주민과 함께하는 마을학교

김영애(5학년 현정맘)

며칠 전 우리 논의 모내기를 마무리했다. 멀리서 친정 식구들도 왔지만 지역으로 귀농한 하한(10학번)네, 시은(12학번)네, 예슬(12학번)한슬(13학번) 아빠, 또 이 지역에 사는 장춘봉 쌤과 도깨비(서영익) 등 많은 분들이 와서 손으로 모내기를 하였다. 이튿날은 첫날 하루 종일 일을 해 힘든 범수를 깨우지 않고 논에 나와 모내기를 하는데 한 시간쯤 지나니 저기 멀리서 범수가 기타 치는 소리가 들려왔다. 뒤늦게 일어나서 논으로 일하러 기타를 들고 오는 모양이다. 바람결에 들녘에 들리는 기타소리와 노랫소리가 정말 좋았다. 새참 먹는 시간. 우리는 범수의 작은 연주를 들으며 행복했다. 다음날 간디학교에서 무빙스쿨을 하는 1학년이 모내기를 마무리하였다. 재작년부터 우리 논의 일부는 간디학교 농사 체험장이 되고 있고 우리는 덕산 어느 누구도 하지 않는 손모내기의 전통을 이을 수 있는 영광을 누리고 있다.

4년 전 남편 승진 씨가 직장을 그만두면서 갑자기 이곳 덕산으로 왔다. 그전부터 귀농을 동경하던 우리는 쉽게 직장을 정리할 수 있었고 당시 4학년, 2학년에 올라가는 아이들과 함께 지내고 싶다는 생각에 별다른 고민 없이 덕산으로 내려왔다. 사실 그때 내 생각은 아이들 졸업하면 남쪽으로 가야지 하는 생각이 없지 않았다.

우리가 내려오면서 아이들은 한 명씩 교대로 집에서 통학을 하였다. 곁에 가까이 와 아이들의 생활을 보면서 간디학교 교육과정을 더욱 이해하게 됐고 무엇보다 아이들과 함께 살아서 참 좋았다. 어느 순간 아이들은 다 성장하여 나와 삶을 함께 살아가고 대화를 나누며 서로를 북돋아 주는 관계가 되어 있었다. 서울에서는 항상 회사 일로 밤늦게 들어오던 승진 씨는 아이들과 함께하는 시간이 많아져 너무 행복해했다.

농사 경험이 전혀 없던 승진 씨는 고전을 면치 못하면서 벌써 4년째 농사를 짓고 있다. 처음 씨감자를 심어놓고 감자 싹이 안 나온다고 땅을 손가락으로 파보던 그 손으로 이제 우리 식탁의 대부분을 책임지고 있다. 고춧가루, 깨, 들기름, 참기름, 마늘, 생강, 양파, 당근, 감자, 고구마, 김장 배추와 무 등은 물론 쌀과 모든 잡곡은 당연히 농사지어 먹는다. 가끔 우리집 식탁을 바라보면서 놀랍기도 하고 흐뭇한 마음에 절로 미소 지어진다.

앞에서 이야기한 것처럼 이곳으로 귀농을 결정한 이유는 우리 아이들과 살고 싶다는 생각에서였다. 그래서 아이들이 졸업을 하면 난 이곳을 벗어나 따뜻하고 넓은 들이 있는 남쪽 지방으로 이사 가야지 생각했었다. 그러나 만 3년이 지난 지금은 이곳에서 계속 살아야겠다는 생각을 굳혔다. 이곳에서 인연 맺은 많은 분들과의 따뜻한 사랑 때문이다. 처음 우리가 집을 구하는 것을 내 일처럼 봐준다거나 농사를 지을 때 우리에게 종자부터 밭에서 농산물을 담는 콘티박스까지 내주고 항상 많은 도움을 아끼지 않은 선배 학부모들, 덕산에서 새로운 삶을 만들어가는 간디 쌤들 덕분에 살아가는 기쁨이 크다.

한 달에 한 번씩 돌아오는 간디학교 문화의 밤과 여러 사람들이 만들어가는 다양한 문화가 지역주민의 삶을 풍요롭게 만들어주고 있다. 경수 쌤이 지도하는 리코더 모임, 시정(11학번)이 엄마가 중심이 되어 진행되는 바느질 모임, 지형(11학번) 엄마가 지도하는 몸살림, 그리고 승진 씨가 대표로 있는 먹거리 나눔 협동조합 '파릇'까지 정말 다양한 모임이 열려 어쩌면 도시보다 더 바쁘다.

우리 집 주차장은 300여 미터 떨어져 있는 면사무소다. 집 앞까지 차로 들어오다 보면 밭에서 일하고 계신 할머니와 할아버지께 죄송하여 이사 오던 해부터 가능한 무거운 짐이 없으면 면사무소에 차를 세우고 걸어오곤 한다. 집에 오는 길에 밭에서 일하는 어른들께 인사를 하면 난 참 행복하다.

주차장에서 나와 처음으로 만나는 백남빌라에 사시는, 우리 밭에서 깻잎을 많이 따갔다고 깻잎장아찌를 맛있게 해다 주신 깻잎할머니. 친정아버지와 연세도 같고 퇴행성관절염으로 천천히 걸으시며 출근하는 저에게 항상 말씀을 건네던 지금은 돌아가신 박씨 아저씨. 항상 머리에 수건을 두르고 밭일을 하다 반갑게 이야기를 나누어주는 박씨

주민과 함께하는 마을학교

아이들이 졸업을 하면 난 이곳을 벗어나 따뜻하고 넓은 들이 있는 남쪽 지방으로 이사가야지 생각했었다. 그러나 만 3년이 지난 지금은 이곳에서 계속 살아야겠다는 생각을 굳혔다. 이곳에서 인연 맺은 많은 분들과의 따뜻한 사랑 때문이다.

아주머니. 우리 집 앞의 넓은 밭에서 고추를 기르고 젊은 사람이 농촌에서 열심히 하는 모습이 좋다며 벼 모종 기르는 법을 가르쳐주시고 그해 여름에 돌아가신 고추밭 아저씨. 뵐 때마다 인사드리고 몇 차례 퇴근길에 밭에서 일하시길래 과일 드렸더니 "난 새댁이 참 좋아" 하시던, 지금은 뇌에 종양이 생겨 서울 아들 집으로 가신 고추밭 아주머니. 1년 내내 자전거를 타고 밭일 하러 오셔서 넉넉한 웃음과 막걸리 한 잔을 건네주는 우리 집 바로 옆밭 덕산집 아저씨. 나도 아저씨를 뵙고 싶어 집에 오면 먼저 자전거가 있나 하고 살피게 된다. 이외에도 길가에서 만나는 것만으로도 날 행복하게 해주는 많은 동네 어른들이 계셔서 이곳을 떠날 수 없다. 다만 안타까운 것은 이 분들이 한 분 두 분 떠나가신다는 것이다.

나는 간디학교 학부모 몇 분이 7~8년 전부터 해오던 마을봉사활동에 작년부터 참여하고 있다. 운(04학번)이 엄마와 하늘(06학번), 하한(10학번)엄마가 선고리 어르신들을 위해 한 달에 한 번씩 미용봉사를 한다. 몇 년 전부터는 세용(08학번), 세영(09학번) 아빠와 현무(07학번) 송헌(08학번) 아빠가 합류하여 침 봉사가 이루어지고 있다. 나는 이곳에서 바닥에 떨어진 머리카락도 쓸고 미용가운도 털면서 선고리 어른들과 정이 들어간다. 매번 나오던 어르신이 안 나오시면 걱정이 되고 머리를 자르러 온 대여섯 살 아이와 팔씨름을 해가며 내가 어디서 이런 기쁨을 얻을 수 있을까 생각한다. 마을 봉사를 끝내고 내려오다 보면 덕산에서 주말을 보내다 학교로 복귀하는 간디 아이들을 본다. 우리 범수가 졸업을 하고 현정이가 이제 5학년이다 보니 사실 1, 2학년 아이들의 이름은 잘 모르지만 내 아이 같아 태워줄 요량으로 차를 세워 본다. 고맙다며 타는 아이들과 이런저런 이야기를 나눈다.

이곳 덕산에 컵라면 먹으러 나오는 우리 아이들의 영원한 학부모가 될 수 있는 특권이 있다. 난 이 특권을 누리면서 이곳 덕산에서 간디학교와 함께 행복하게 살고 싶다. 가끔 우리 부부는 무슨 복에 간디학교를 만나고 이곳으로 귀농을 해서 이리 행복하게 살고 있냐며 스스로의 선택에 대견해하곤 한다.

대안교육과 학부모:
소비자와 혁신가의 사이

강수돌(6학년 한울빠)

"지인들로부터 (초등) 대안학교 설립에 함께 하자는 제안을 받았을 때 많이 설렜다. 의무교육인 초등교육을 거부해서 고소당할지도 모른다는 협박을 들으면서도 전혀 두렵지 않았다. 오히려 행복했다. 학교를 설립한 후 우리 부모들이 한 일은 거의 매일 회의하는 일이었다. 학교 철학을 어떻게 실현할 것인가를 두고 밤새 토론했다."(A 유형)

두 딸을 제천간디에서 키운 한 엄마(권씨)가 그 이전에 초등 대안학교를 만들 때 경험한 내용이다. 대개의 경우, 일반 공립학교 시스템에 대한 불평불만을 털어놓다가도 막상 스스로 만들어보자 하면 아무도 선뜻 나서지는 못한다. 그러나 권씨는 "설렜다"고 하며 "두렵지 않았다"고 했다. "오히려 행복했다"고 한다. 놀라운 일이다. 거의 매일 회의하고 밤새 토론을 하면서도 행복할 수 있었던 까닭은 무엇일까? 내가 보기에 두 가지 요인이 중요했을 것이다. 하나는 기존 학교 시스템은 더 이상 믿기 어렵다는 확신, 전혀 다른 식의 교육을 해야 하고 할 수 있다는 믿음이 확실했기 때문이다. 다음은 그런 비슷한 생각을 가진 사람들이 여럿 모여서 함께 할 수 있었기 때문이다. 더불어 혁신적 대안의 꿈을 꾸는 것, 이것만큼 신나는 일이 어디 있겠는가?

반면, 이런 부모도 있다. "어떤 부모는 자기 아이가 일반학교에서는 왕따를 당할 가능성이 높기 때문에 일단은 대안학교로 보내지요. 몇 년 지나 아이가 친구들과 잘 어울리기도 하고 어느 정도 자신감을 되찾으면 기숙사 생활을 하는 아이에게 학습지 같은 것을 보내기 시작해요. 인성교육을 위해 아이를 대안학교에 보내긴 했지만 지식 교육도 놓치지는 않고 싶은 것이죠." 같은 대안학교에 아이를 보내면서도 전혀 다른 생각과 실천을 보이는 부모의 사례를 압축 인용한 것이다. (B 유형)

이 경우 부모는 대안학교를 하나의 소비물로 본다. 아이의 부모로서 자신은 일정한 돈을 내고 자신의 욕구를 충족하고자 하는 소비자 정체성을 지닌다. 인성교육과 지식교육이라는 두 마리 토끼를 한꺼번에 잡으려는 경우라고도 할 수 있다. 이 유형의 부모들은 학교행사 참여에 우선순위를 두지 않는다. 설사 참여하더라도 같이 만드는 사람들이라기보다는 멀찌감치 구경만 하는 이들인 경우가 많다. 어쩌다 대화에 참여하더라도 비판이나 비난은 많되 공동의 책임감을 갖고 어떻게 해보자는 이야기는 잘 하지 않는다. 요구는 많고 기대 수준은 높되, 정작 자신의 참여나 실천은 빈약하다. 다른 부모들과 의견 충돌이 일거나 가치관의 격차가 확인되면 슬그머니 아이를 빼내간다. '비싼 돈' 내며 억지로 아이를 보내고 싶지는 않다는 뜻이다.

물론, 제천간디의 부모들이 모두 깔끔하게 'A 유형'이나 'B 유형'으로 분류되는 건 아니다. 대부분은 그 중간에 위치할 것이다. 문제는 경향적으로 어느 쪽에 더 접근하고 있는가 하는 점일 것이다. B 유형을 대안교육의 소비자라고 표현한다면, A 유형은 대안교육의 혁신가라고 표현할 수 있을 것이다. A 유형은 강한 확신감의 전형을 보여준다면 B 유형은 강한 불안감의 전형을 보여준다. 물론, 제천간디도 형성 초창기일수록 A 유형이 훨씬 더 많았을 것이며, 10년이 지난 오늘날에 가까울수록 B 유형이 점차 늘어난 경향이 있다. 그러나 제천간디 학부모들을 이분법으로 나누기는 어렵다. 예나 지금이나 우리들 대다수는 확신감과 불안감이 뒤섞인 상태 속에 살아간다. 아침에 확신을 갖더라도 저녁이면 불안해질 수 있고, 평소에 불안에 떨며 우왕좌왕하다가도 학교에 가서 총회나 1박 2일 행사를 하고 나면 뭔가 확신이 생기기도 한다.

심한 경우 이런 일도 생긴다. "간혹 집단으로 학교를 떠나는 경우도 있지요. (아이가 학교 다니는 걸 재미있어 하는데도) 처음에 기대한 학교 모습과 많이 다름을 알고 부모님들이 집단행동을 하게 되는 경우인데, 학교를 떠나기 전에 문제제기도 하고 애써보지만, 학교 측과 소통이 안 될 때 마지막 수단으로 집단 자퇴를 선택하기도 합니다. 학교 측에서는 학교의 정신을 이해하지 못한 데서 비롯되는 일이라고 주장하고, 부모들 입장에서는 학교가 애초에 말한 대로 교육을 제대로 안 하거나 못하고 있다고 주장합니다."

제천간디에서 이런 '집단 자퇴' 사태는 없었지만 다른 대안학교들에서 왕왕 일어난 일들이다. 다만 제천간디에서는 개별적으로 학교를 떠난 경우가 제법 있다. 학년이 올라갈수록 빈도수는 늘어나 졸업할 무렵이면 입학 당시에 비해 반타작을 하는 경우도 있다. 설사 학교를 떠나지 않는다 하더라도, 또 그럭저럭 아이가 졸업을 한다고 하더라도, 앞의 인용문에서처럼 학부모와 학교 사이에 미묘한 시각차가 상존하기도 한다.

결국, 문제는 어떻게 하면 확신이나 줏대를 바로 세우고 동시에 불안이나 두려움을 이겨낼 수 있는가이다. 나는 여기서 크게 세 가지 점이 중요하다고 본다.

첫째, 아이의 성장과 관련해서, 우리는 아이들이 저마다 나름의 속도와 방식으로 성장함을 인지할 필요가 있다. 조급증에 휩싸인 부모의 '통제' 시도는 별 도움이 되지 않는다. 부모가 자신의 기대나 욕망을 구현하기 위해 아이를 통제하려 들면 오히려 아이의 행복한 성장에 해롭다. 아이는 아이대로, 부모는 부모대로 서로 믿고 지지하면서도 각자 최선을 다해 행복하려 노력하는 가운데 함께 성장할 것이다. 일례로, 다른 학교들에서와 마찬가지로 제천간디에서도 도난 사건이 종종 발생한다. 나는 도난 얘기를 들으면 버럭 화가 날 때가 많지만, '범인' 개개인의 색출보다 전체가 모여 자성하고 고백을 기다리는 '공동체' 문화가 아이들의 참된 성장과 성숙에 밑거름이 될 것이라 믿는다. "졸업한 뒤에 아이가 그러더라. 지내놓고 보니 그런 과정들이 큰 교육이었고 공동체를 고민하는 구체적인 계기가 되더라고."(학부모 G) "큰애가 이번 학기에 초등 대안학교에서 인턴십을 하게 됐다. 그러더 우리의 꿈은 바로 이 뒤틀린 사회경제를 넘어 사람과 사람, 사람과 자연이 더불어 사는 행복한 세상을 열어내자는 것이다.

니 집에 와서는 '초등 애들이 생각이 없고 왜 다 그 모양인지 모르겠다.'고 푸념을 늘어놓더라. (…) '내가 널 보면서 그랬다'고 속으로 혼자 웃었다. 내가 원했던 생각과 가치들이 아이 입에서 조금씩 나오는 걸 보면서, 눈에 보이진 않았지만 그동안 차근차근 가치가 쌓여갔구나 싶었다."(학부모 N)

둘째, 일류대학이나 일류직장을 삶의 목표로 설정해선 희망이 없다. 군이 그런 식으로 설정하자면 일류인생을 내걸어야 한다. 멋진 인생이라는 의미에서 일류인생이다. 일류대학이나 일류직장은 극소수에게만 성공이 가능한 것이지만, 일류인생은 의지만 굳세면 누구나 살아갈 수 있다. 그것은 크게 세 요소, 즉 꿈의 발견, 실력 증진, 사회헌신으로 이뤄진다. "예식장을 예로 들어보자. 비슷비슷한 공장식 예식장들이 주위에 얼마나 많냐? 그런 거 말고 너희들이 대안적인 예식장을 한번 만들어봐라. 또 생태학교 경험을 살려서 야생초 회사를 만들어볼 수도 있고, 그 밖에도 새롭게 찾아 할 수 있는 일은 무궁무진하다."(학부모 Y)

셋째, 우리가 대안교육을 고민하고 대안적 삶을 고민하는 까닭은 우리가 경험하는 자본주의 사회경제가 희망이 없기 때문이다. 사람과 사람, 사람과 자연 사이의 평화롭고도 조화로운 관계를 깨면서 무한 이윤을 추구하는 경제는 결코 지속가능하지 않다. 기존 교육이나 기존 경제는 바로 그러한 파괴적 시스템을 문제 삼지 않은 채 다만 상대적으로 특권적인 자리만 차지해 자신이나 자기 가족만의 편협한 이익만 추구한다. 우리의 꿈은 바로 이 뒤틀린 사회경제를 넘어 사람과 사람, 사람과 자연이 더불어 사는 행복한 세상을 열어내자는 것이다. "경쟁과 적대와 자기 독립의 시대를 넘어 우정과 환대와 상생의 시공간을 만들어내는 것, 곧 소멸되고 있는 '사회'를 다시 만들어내려는 시도이지요. 이제 대안학교를 그런 원리로 움직여가야 한다고 봅니다. (…) 그 잉여질이 실은 새로운 사회를 만들 노동이자 놀이죠. (…) 나의 노동과 자원을 잘 활용하는 공간과 그것을 연결하는 그물망이 만들어져야 해요. (…) 더 이상 학교라는 틀, 어떤 교육과정으로 아이들을 키울 수 있다는 생각을 버려야 해요."(학부모 C)

경기도 어느 혁신학교가 모범적으로 잘 운영된다는 소문이 나자 수많은 학부모들이 기꺼이 이사까지 하면서 그 학교에 아이를 보내려고 대거 몰려들었다. 집이나 방을 구하기 어려울 정도가 되기도 했다. 학교 측은 행복한 비명을 질러야 했다. 바로 그 시점에 교장 선생님이 학부모들 앞에서 말했다. "다들 이 학교만 바라보고 경쟁적으로 몰려오지 마시고, 원래 자신이 사는 마을에서 다양한 모습으로 새로운 혁신학교를 만들어보시기 바랍니다." 그렇다. 우리는 교육의 소비자로서 돈이 들더라도 좋은 학교를 선택할 권리가 있지만 교육의 혁신자로서 좋은 학교를 만들 권리나 역량도 있다. 어디 이것이 교육뿐이랴? 경제도 마찬가지고 사회도 마찬가지 아닐까? 나 혼자 하려고 하면 불가능하지만, 여럿이 함께하면 가능하다. 비록 멀고 힘든 길이라 할지라도, 함께 걸으면 즐겁고 행복하지 않던가. 바로 그 길 위에서 우리는 생산과 소비, 창조와 파괴의 경계를 넘어 자유롭게 횡단하며 혁신할 수 있을 것이다.

제천간디가 실천해온 대안교육운동의 의미

하태욱(2학년 늘찬빠)

교육학자로서는 드물게 '대안교육'이라는 주제에 집중하다보니 주변에서 종종 자녀를 어느 대안학교에 보내느냐는 질문에 부딪힌다. 그럴 때마다 농담처럼 '차라리 나이를 물어달라' 하며 빠져나가지만 대안교육에 대한 정보가 부족해 힘들어하는 부모님들의 마음이 느껴져 안타깝다. 그럼에도 불구하고 나의 개인적인 선택이 혹여라도 전문가의 보증처럼 오해될까봐 선뜻 제천간디의 학부모임을 내세우기는 조금 꺼려지는 부분이 있다.

중등학교로 제천간디를 선택한 것은 전적으로 아들 하늘찬의 선택이었다. 늘찬이는 서울에서 일반 초등학교를 다니다가 5학년 때 농촌유학을 선택하여 산골짜기 시골 분교에서 2년을 다녔다. 농촌유학을 선택했을 때나 중등 대안학교를 선택했을 때 모두 부모는 선택할 수 있도록 범위를 좁혀주는 역할만을 했을 뿐, 실제 최종선택은 늘찬이가 스스로 했다. 중등학교를 선택하면서 범위를 좁혀주기 위해 몇 가지 기준을 세웠다.

첫째로는 기숙학교. 독립성향이 강하고 자기 주장이 센 늘찬이가 엄마아빠와 좁은 공간에서 부딪히며 지내기보다 좀 더 넓은 공동체 안에서 소통과 공존을 배우기를 희망했다. 두 번째 기준으로는 대학 입시에 대한 확고한 원칙을 보여주는 학교. 공교육 문제의 상당부분이 입시위주의 교육체제에서 비롯된다고 할 때 대안 중등학교의 교육 과정이 '진로'라는 미명 아래 대학입시준비로 흔들리지 않기를 희망했기 때문이다. 특히 대안교육을 화두로 삼고 연구하고 실천하는 학자의 입장에서 두 번째 기준은 매우 중요한 것이었다.

대안교육의 역사가 15년에 이르면서 대안학교들이 안정되어간다. 여전히 고군분투하는 현장들도 있지만 많은 학교들이 운영의 측면이나 교육과정의 차원에서 어느 수준 이상의 질적 기준을 확보하게 되었다. 그런데 모든 일에는 명과 암이 있는 법. 안정성의 문제는 대안교육운동의 보수화로 이어진다. 특히 1990년대 사회변혁운동과 강하게 관계를 맺고 있던 대안교육이 2000년대 말 교육소비자를 위한 선택지 중 하나로 변화되는 현상이 조금씩 나타난다. 그 원인으로는 몇 가지 설명이 가능하다.

일차적으로는 신자유주의적 삶의 방식이 일반화된 데 그 원인을 찾을 수 있다. 신자유주의의 핵심은 시장(市場)이고 시장에서 중요한 행위는 자유로운 선택이다. 경제학 이론으로서의 신자유주의는 시장만

능주의로서 우리 삶의 곳곳에 뿌리내리고 있다. 교육이라는 영역도 마찬가지다. 교육은 학부모들의 '학교선택권'을 보장하기 위해 재정 지원이라는 당근과 장학감사라는 채찍을 통해 학교의 교육 책무성을 강조한다. 이미 사교육 시장을 통해 교육상품을 선택하고 소비하는 데 익숙해진 학부모들은 공공의 영역인 학교에도 같은 잣대로 비교하고 선택한다. 학부모들은 교육의 주체로 나서는 것이 아니라 철저한 소비자로서 교육상품의 품질을 비교하고 비판하는 것이다.

이런 현상은 대안학교를 선택하는 데도 유사한 형태로 나타나고 있다. 대안교육을 내 자식을 위한 다양한 선택지 중 하나로 여기고, 선택한 이후에는 교육의 문제를 대안학교라는 서비스업체에 일임한 뒤, 그 '교육 서비스'의 품질에 대해 논하거나 구매/비구매의 선택을 내리는 경향들이 나타났다. 이는 학부모 개인의 문제라기보다 우리 사회를 전반적으로 관통하는 담론적 문제로 보인다. 대안교육에 우호적으로 보이는 학자들조차 '공교육에 대한 다양한 대안의 제시'라는 명분 아래 선택권의 보장에 방점을 찍으면서 그 철학적 기반에 대해 깊이 고민하지 않는 현상이 있다.

이런 경향에는 세대적 차이도 일정 정도 영향을 미친 것으로 보인다. 초창기 대안교육에 참여했던 학부모들이 대부분 자칭세칭 386세대에 속한다고 한다면, 80년대 대학시절 학생운동을 통한 사회변혁의 꿈과 실천들이 1990년대 말 이후 부모로서 교육개혁의 열망으로 표출되었다고 볼 수 있다. 제천간디학교의 양희창 전(前) 교장은 여러 강연이나 기고를 통해 간디학교의 설립은 단순히 '새로운 학교 세우기'의 문제가 아니라 교육운동을 통해 '대안사회와 대안문명'으로 나아가는 전초기지 형성이었음을 분명하게 밝힌 바 있다. 더구나 아무런 기반과 지원도 없는 상태에서 1세대 대안교육 학부모들과 교사들은 공동체적 정신 하나로 무장한 채 맨땅에 학교를 건설해야 하는 상황에 놓여 있었다.

그런데 2000년대 중후반부터 대안교육에 참여하는 부모들은 이미 외형적으로나 내용적으로 많은 것들이 갖춰진 상황에서 참여하게 되었기 때문에 1세대들에 비해 결사 수준이 낮을 수밖에 없다. 더구나 주로 70년대에 태어나 산업화 시대의 물질적·문화적 혜택을 누리고 90년대에 20대를 맞이하여 IMF사태 전까지 학생운동의 쇠락과 신자유주의의 단맛을 동시에 경험했던 세칭 X세대들의 문화는 선배들과 일정 정도의 차이가 있을 수밖에 없다. 이런 측면에서 이제 80년대생 3세대 학부모들과 교사들을 맞이하는 대안교육은 어떤 준비와 전망을 고민해야 할 것인지에 대한 과제를 안고 있다.

마지막으로는 제도화와 사회적 문제를 들 수 있다. 대안교육에 대한 법제화는 1998년도 특성화법과 2005년도의 각종학교법(초중등교육법 60조3)으로 이미 두 차례나 이루어진 바 있다. 특성화 법안은 입시중심의 중등교육과정이 청소년 자살이나 탈학교 등의 문제를 야기한데 대한 대응책의 일환으로 민간에서 논의되고 있던 대안교육을 제도권으로 흡수하고자 하는 의도로 입법화되었다. 그러나 특성화 학교라는 제도 자체가 주로 기술교육을 위해 도입된 것으로서 교육현장에 제한적인 자율권을 부여한 것이었다. 애니메이션고, 조리고, 자동차고 등의 다른 특성화 학교들을 떠올려보면 대안교육과 특성화 학교라는 제도의 결합에는 억지스러운 측면이 있다. 따라서 초창기 대안교육

진영이 기대한 만큼의 자율성과 개혁성을 담보하기에는 상당한 한계를 가질 수밖에 없었다.

각종 학교법은 이런 한계를 극복하고 비인가 대안학교들을 법테두리 안으로 대거 끌어들이고자 하는 의도로 만들어졌으나 여전히 교사자격이나 필수교과과정의 문제가 걸림돌로 작용했다. 그 결과 각종학교법은 대부분의 대안교육현장들로부터 호응을 받지 못하는 처지에 놓였다. 결국 두 차례의 대안교육 지원법안들은 실질적으로 민간에서부터 시작된 대안교육운동을 담아내지 못했다. 반면 일부 학교설립이 목적이었던 사립재단이나 국제학교를 준비하던 사람들에게 이 두 법안은 좋은 수단이 되어 대안교육의 정체성과 가치에 혼란을 주는 일이 벌어졌다. 이에 두 번의 시행착오를 딛고 국회가 나서고 있다. 국민의 대의기관이자 입법기관으로서 대안교육을 지원하기 위한 법률제정에 나서겠다는 의지는 현재 19대 국회에서 통과를 목표로 진행되고 있다.

그러나 법률적 지원을 논하기 전에 우리에게 필요한 것은 스스로를 성찰하고 대안으로서의 가치를 분명하게 하는 것이다. 대안교육연대를 중심으로 하는 대안교육운동 진영에서는 2011년부터 대안교육 '정명(正名)운동: 대안교육, 제 이름값 하기'를 펼쳐온 바 있다. 속칭 글로벌 대안, 럭셔리(귀족형) 대안, 특정 종교 중심의 대안이 등장하여 새로운 문명운동으로서의 대안교육이 퇴색되지 않도록 스스로를 성찰하고 사회와 소통하자는 것이다. 거기에서 더 나아가 대안교육을 통하여 '취학의 의무'로 변질되어 있는 교육의 권리(교육기본권)를 민주적으로 되살리자는 것이다.

사회변혁운동에 몸담고 있는 인사로부터 대안교육에 대한 부정적인 (혹은 심하게는 적대적인) 반응으로 당황한 적이 몇 차례 있다. 비판의 요지는 대안교육운동이 경제적으로든 문화적으로든 자본을 가진 사람들에게 갇힌 '사교육'이라는 것이다. 무엇이 공(公)과 사(私)를 나누는 기준일까 고민해보았다. 교육학에서 공교육은 세 가지 측면에서 공공적이다. 첫째, 국가가 공적기금을 통해 운영한다. 두 번째, 국가가 공적으로 조직한 교육과정을 운용한다. 마지막으로는 그 교육과정을 통해 공적 인간(시민)을 길러낸다. 첫 번째와 두 번째 의미는 사실상 세 번째 의미가 있기 때문에 필요한 것이다. 현재의 공교육은 세 번째 의미에서 '공교육'인가? 개인의 입신출세를 암묵적인 (그러나 동시에 공공연한) 교육목표로 삼고 있는 '사교육'은 어느 쪽인가 하는 문제제기가 생긴다.

이런 의미에서 제천간디가 실천해 온 대안교육운동은 매우 공공적인 것이었다고 자부한다. 물론 모든 것이 다 성공적이었다는 뜻은 아니다. 다만 공동체로 함께 사는 세상을 위해, 모두가 소외되지 않는 행복한 세상을 위한 주춧돌이자 그 철학을 체화하기 위한 장으로서 제천간디는 외롭고 어려운 길을 뚜벅뚜벅 걸어왔다. 앞으로도 그 길을 걸어갈 수 있도록 교사가, 부모가, 졸업생이, 그리고 학생들이 끊임없이 자신의 자리와 삶과 비전을 성찰할 수 있기를, 나부터의 교육혁명에 나설 수 있기를 희망하고 희망한다.

제천간디가 실천해온 대안교육운동의 의미

진정한 루저 정신을 아는 아이들

김은숙(졸업생 소은맘)

이 글을 쓰려니 2002년 제천간디가 산청에서 분리되어 덕산에 처음 자리잡은 그해 여름, 소은이와 함께 학교를 찾아가면서 지나치던 길이 생각납니다. 충주 호반을 따라 월악산 줄기를 끼고 가던 그 길이 어찌나 아름다웠던지 10년이 넘은 지금도 학교 생각을 하면 그 길들이 먼저 떠오릅니다. 집을 떠나는 아이에 대한 걱정과 바라던 학교에 가게 되었다는 설레임이 교차되면서 갔던 길, 그리고 졸업할 때까지 참 많이도 다녔던 그 길들이 좋은 기억으로 남았다는 것은 그만큼 제천간디의 시절이 아이나 우리 부부에게 또 하나의 인생길의 시작이었기 때문이라는 생각이 듭니다.

2학년 2학기에 편입해서 다닌 제천간디의 시절은 겨우 1년 반의 짧은 시간이었지만, 그 인연이 산청 간디고등학교로 이어졌고, 지금까지 아이는 아이대로 또 부모인 우리는 우리대로 학부모 모임으로 이어지고 있으니 그 시절의 첫 시작이 또 하나의 새로운 시작이었다는 말이 틀리지 않는 것 같습니다. 그때 만났던 아이들은 물론이고 학부모들도 지금까지 정기적으로 만나 여행도 하고 서로의 삶도 나누고 있으니 이 또한 아름다운 시작이 아닐 수 없겠지요.

아름다운 건 길만이 아닙니다. 학부모 모임으로 거의 한 달에 한 번 정도는 학교에 갔던 걸로 기억되는데, 가면 당연히 1박을 하며(아니 무박 2일이 맞다고 봐야겠지요? 잠을 거의 안 잤으니까.) 아이들과 학교운영, 또 한국 교육현실에 대하여 열띤 난상토론이 이어지고, 그러다가 흥에 겨우면 누구랄 것도 없이 나와서 노래하고 춤도 추며, 그 열기는 운동장으로 터져나와 어깨동무하며 한바탕의 대동놀이로, 또는 삼삼오오 모여 더 진지한 모둠토론으로 이어졌습니다. 그러다보면 어느새 하늘이 부옇게 밝아지는 것도 볼 수 있었지요. 그 맑고 차가운 새벽을 느끼며 검푸른 앞산과 교문 옆에 있던 큰 나무와 그 위에 매달려 있던 그네를 바라보곤 했던 그 시간도 참 그립습니다.

아이들의 학교가 아니라 마치 민주화 세례를 받은 학부모들의 이상을 펼칠 수 있는 해방구 같은 학교 분위기였다는 생각도 들어 조금 민망하기도 하지요. 아이들도 그런 부모들이 참 신기하고 재미있었겠지요? 그러나 지금 생각해보면 그런 장을 만들기 위해, 아이들과 매일매일 씨름하던 선생님들은 얼마나 노고가 많으셨을까요. 천방지축인 중학교 아이들과 함께 하루를 보내고 그것도 모자라 함께 자고 먹고 하던 그 시절, 선생님들의 말 못할 고민과 하루에도 몇 번씩 지치고 힘드

진정한 루저 정신을 아는 아이들

셨을 그 시절 열정이 없었다면 지금의 간디학교, 대안교육은 없었을 거라는 생각이 듭니다.

학교에 안 가본 지 참 오래됐습니다. 소식지 혹은 아이들 편으로 학교 소식을 듣긴 하지만 아이들이 모두 자라 이제는 몸도 마음도 조금씩 떠난다는 생각이 듭니다. 그러면서 가끔은, 이 사회의 다른 젊은이들과 마찬가지로 미래에 대한 걱정을 하고 혹은 개인의 삶에 매몰되어 있는 아이들을 볼 때면 이런저런 의구심이 생기곤 했습니다. 소위 대안교육의 정신 속에서 학교를 다녔는데 이 아이들은 대체 뭐가 다른 건가? 대안학교를 나와 거의 모두들 대학을 다녔고 남학생들은 군대까지 다 갔다 오고 또 몇몇은 이제 경제적으로 독립하여 사회생활을 하는데, 그 10대의 한 시절 몇 년 간이 이 아이들에게 어떤 의미가 되었을까? 좀 다른 가치관과 취향을 가진 부모를 만나 아이들이 한 시절 좀 더 인간답게 살아본 것 정도는 아닐까 하는 생각도 들었고요. 그러나 문득문득 다시 들여다보면 아이들은 서서히 자기의 정체성을 찾아가고 야무지게 자기 일을 하며 선한 기운으로 서로서로 교류하고 있는 것을 볼 수 있었습니다.

얼마 전 소은이가 간디학교 동기 친구들과 춘천으로 봄 기차 여행을 다녀왔습니다. 아이들은 자기들이 안 쓰거나 필요 없는 옷가지, 장신구, 화장품을 가지고 가서 아나바다 보물찾기를 하고 왔더군요. 9명이 무려 50여 가지의 물건을 가지고 와서 행사(?)를 했고, 자기가 맘에 드는 물건을 찾아 즐거워하고 혹은 찾지 못해 아쉬워했다는 이야기를 들으면서, 20대 중반 아가씨들이 그 짐을 들고 갔다는 것도 기특했고, 무엇보다도 그것이 행사를 위한 행사가 아니라 아이들의 자연스런 놀이요 생활의 일부였다는 것이 참 신선하고 좋았습니다. 이것도 간디적인 생활방식이고 아이들 삶의 한 부분이라고 인정하기로 했습니다.

소은이는 지금은 컴퓨터 개발자로 회사에 다니며 경제적으로 독립을 하게 되었습니다. 대학 전공과 달리 졸업 후 다시 공부하여 스스로의 힘으로 기술을 익히고 취업을 하게 된 것이 너무도 대견하고 기특합니다. 자기가 스스로 자각하여 필요한 것을 찾아가는 과정에서 부모는 곁에서 격려하고 믿어주는 것이 최선이라는 것을 깨달은 시간들이었습니다. 아이들이 이제 20대 중반을 맞으면서, 삶의 동반자로서의 이성을 생각하는 시기가 되었습니다. 저희들끼리도 모이면 나누는 가장 진지한 대화 중 하나이기도 하구요.

어느 날 소은이가 심각하게 했던 말이 생각납니다. "엄마, 난 맘에 드는 남자 만나기가 좀 힘들 것 같아. 요즘 사회에서 보는 남자들은 너무 계산적이고 현실적이야. 경쟁 위주고, 잘 나려고 너무 애써……. 난 루저 정신을 가진 남자가 좋은데……" 루저 정신? 그거 뭐지? "좀 겸손하고 소박하고 허세부리지 않으면서도 재밌게…… 난 이런 마이너들이 좋은 것 같아." 오호라. 이게 바로 진정한 루저 정신이란 거구나. 이런 거라면 우리가 평소에 추구하는 대안적이고 생태적인 삶의 정신 아니었던가. 가난하지만 빈곤하지 않게, 단순하지만 지루하지 않게, 행동하되 평화롭게, 가까이 있는 사람들과의 소통 속에서 세상을 이해하는 지혜를 갖는, 이러한 방식이야말로 앞으로 살아갈 세상에 필요한 삶의 방식이란 생각이 들었습니다. 그런 남자를 만날 수 있다며 위로를 했지만 그 성숙한 생각에 살짝 감동이 밀려왔습니다. 용어는 좀 파격적이었지만 이 시대에 진정 필요한 가치가 바로 이런 루저 정

진정한 루저 정신을 아는 아이들

신에서 나온다는 것을 인정하지 않을 수 없겠지요.

그러고 보면 간디 아이들은 바로 진정한 루저 정신을 아는 아이들입니다. 그것이 저 감수성 예민한 10대 시절 알게 모르게 습득하고 체화한 간디 정신이고 대안 정신이며 진정한 21세기를 살아갈 수 있는 힘이기도 합니다. 가르침이 하루아침에 아이들을 바꾸어놓지 않는다는 걸 우리는 알고 있습니다. 그러나 진실을 가르칠 때 언젠가 아이들은 그것을 배우고 익히지요. 이것이 바로 '학'이고 '습'입니다. 그리고 그 힘으로 아이들은 오늘도 세상을 헤쳐 나가고 살아갈 것입니다. 꽃들이 만발한 봄날입니다. 언제 다시 제천의 그 길을 따라 학교에 가보고 싶습니다.

지난 10년간 나를 키워준 간디

오명희(졸업생 통일맘)

아주 간절한 바람으로 2003년 큰아들 통일이가 제천에 터를 잡은 후 뽑은 첫 간디 입학생이 되었다. 당시 경상도 산청에 있던 간디중학교와 도교육청과의 갈등을 신문에서 눈여겨보았던 터라 나름 대안교육의 기대와 의지가 남다르던 때였다. 같은 반 부모들이 모인 첫날 자기소개를 하던 때 나는 이렇게 말했던 것 같다. 우리 반 아이들이 스물여섯 명이지요. 부모인 우리는 그 배수인데 함께 키운다면 든든하지 싶습니다. 부모들이 박수를 쳐주었던 기억이 난다.

2003년 학교 모습은 교실 두 개를 튼 강당 한 개와 초등학생 열댓 명이 오밀조밀하게 앉을 만한 교실 세 개, 교무실 한 개였다.(교장실은 어디에 있었던 거지?) 그나마 다행으로 2층에 전기보일러 방이 마치 여름 한철만 장사하는 해변의 간이 숙소처럼 썰렁하게 있었고 신발을 신고 들어가는 식당과 주방 역시 썰렁하기는 마찬가지여서 큼지막한 들쥐들이 여긴 내 집이라고 할 만큼 묵은 먼지 때와 거미줄이 자연스러운 그런 곳이었다. 마주칠 때마다 먼저 인사하며 재잘대는 아이들과 산골 대안학교 교사라는 직업을 선택한 신기한 인간형인 교사들만 빼고 말이다. (그땐 정말 그랬고, 지금은 약간만 그렇다.) 이 모습은 2004년, 2005년, 2006년…… 2013년 지금의 모습으로 변했다. 좀 더 편리하거나 쾌적한 시설을 원할 수는 있겠지만 되짚어볼 수도 있겠다. 학교시설이 더 편리하고 좋아진 만큼 아이들도, 교사들도 부모들도 더 나아졌는지, 더 아름다울 수는 없었는가? 물어본다.

당시 나는 여수에 사는 산하맘과 함께 반대표이자 학년대표 부모로서 운영위원회에 꼬박 참석했는데 통일이가 첫 가정방문을 마치고 입교하던 무렵이었던 것 같다. 2층 기숙실을 포함하여 학교 안의 전기배선 진단을 받아보니 누전사고가 예상된다고. 얼마 전 예치금 500에 학비와 기숙사비를 겨우 마련해 학교에 입금시켰지만 아이들 목숨이 달린 일이니 미룰 수가 없었다. 어느 선배 학부모인가가 학생 수대로 나누면 되지. 일학년이 26명이니 답 나오네 했다. 그렇게 나눈 금액은 30만 원이었다.

급히 몇몇 부모들이 모여 사정이 안 좋은 부모들을 떠올렸고, 26명분 학년 배당분을 어떻게 채울지 고민하게 된 첫 모의가 시작됐다. 이후 이런 모의는 1년에도 몇 번이나 있었고, 그때마다 우린 n분의 1은 기준이되 자발성으로 모아본 후 모자라는 것은 누군가 채워 마무리하는 것으로 학년 비를 모으는 법을 따랐다. 슬쩍 당신은 어려우니 얼마만 내시오, 하면 그럼 부족하잖나? 하고. 또 그러면 형편대로 해야지, 더 낼 수 있는 사람도 있겠죠. 이런 식으로 말이다. 03부모들 집을 보자면 26명 중 나를 포함하여 서울에 세 명, 경기도에 두 명 빼고는 충청도 전라도 경상도 강화도 등 참으로 골고루 전국 각지에 흩어져 있었다. 그래서 좋은 게 많았는데 총회 날이면 전국 각지에서 올라온 토산품이 밤새 안줏거리를 장식했다. 좋은 것으로 푸짐히 대접 받는 느낌을 학부모들에게 주고 싶었던 학부모회 활동을 고민하던 때이기도 했다.

학교 갈 일이 많았던 때 부모들도 언제고 식당에서 몇 끼니를 먹곤 했는데 밥 먹고 돈 안 내는 게 익숙지 않던 누군가가 식당 한쪽에 자발적 함을 만들어놓자는 말이 매년 나왔지만 가족끼리나 찾아온 손님에게 밥값을 내라는 것은 말이 안 된다는 지론은 쌤들의 깜짝 공연만큼이나 명쾌했다. 뒤질세라 부모들이 응급조치한 공연도 배꼽 잡는 경우가 많았다. 동이 터올 때쯤 잠자리를 찾아 이곳저곳 학교 어느 곳이고 누워보지 않은 곳이 없던 기억이 새롭다. (지금 부모들은 모를 거다. 군데군데 작은 비밀의 장소가 제법 되었다.) 부모들의 다양한 삶의 모습만큼이나 다양한 이야기들은 지나치거나 미뤄두었던 화두를 던지곤 했다. 우리도, 학교도 자발적으로 가난해야 않겠는가 하고.

그런 자리에서 도서관이 있었으면 좋겠다고, 이왕이면 아이들이 회의하고 공연하고, 입학식과 졸업식 때 무릎 꿇고 앉거나 더 이상 비집고 들어갈 자리가 없어 창문 너머로 보는 사람이 없어도 되는 다용도 도서관을 만들자는 얘기가 나왔다. 그런데 어떻게 돈을 마련하나? 누군가는 통장에 있던 돈을 내는 게 더 쉬웠을지도 모른다. 그런데 나같이 통장 잔고가 없는 집도 있고, 쉬운 돈은 큰 의미가 없으니까 고민하게 되는데 그때 이웃집에서 외국에 수출하려고 만든 티셔츠가 갑작스런 사연으로 공장에 가득 남았다는 얘기를 들었다. 티셔츠는 가장 큰 박스에 담겨 산청, 진주, 부산, 여수, 안양에 배송되었고 돈이 모아졌다. 십전대보탕, 천연염색 실크스카프…… . 이왕이면 많은 간디부모들이 품을 나누거나 팔수록 이익도 기쁨도 커지는 사업이었다. 그러나 이렇게 모은 돈이 얼마인지, 도서관을 짓거나 생활관을 짓는 데 얼마나 도움이 되었는지는 기억나지 않는다. 그 물건들을 만들거나 팔거나 사주었던 한 사람 한 사람들이 모두 함께한 것 아니겠는가. 그래도 부족했을 것이고 누군가 또 부족한 부분을 채웠을 것이다. 누가 더 내고 덜 냈는지 모르는 차등학비처럼. 이렇게 전 학부모의 손길로 만들어진 도서관은 큰 기쁨이었고 뿌듯함이었다. 사용해보니 얼마 안 되는 책은 다시 옛 자리로 가고, 그 자리엔 강당으로 사용하는 게 더 효율적이어서 지금처럼 바뀌었을 것이다.

2004년 봄. 국토순례도 했으면 좋겠다는 얘기도 나왔다. 제각기 잘난 줄 아는 아이들을 데리고 어디를 걸어야 하는지, 숙소는 어떻게 하며, 먹거리는 또 어떻게 할 건지 난감해하는 교사들 앞에서 03부모들은 신속히 움직였다. 경상도에 사는 분이 경상도를, 전라도에 사는 분이 전라도를 조사하고, 직접 답사하여 거리 재고, 시간 재고. 서울 사는 몇몇 부모들은 생업을 미루고 조를 짜서 누구는 부엌살림 트럭 운전해주고, 장보고, 밥 챙기고, 또 무언가를 택배 보내고 했다. 순례자들 행렬보다 앞서거니 뒤서거니 하며 먹거리와, 숙소, 처지거나 아픈 아이들 보살피는 등 숨가쁘게 진행된 부모들의 노고와 위기상황 대처

전 학부모의 손길로 만들어진 도서관은 큰
기쁨이었고 뿌듯함이었다. 사용해보니 얼마
안 되는 책은 다시 옛 자리로 가고, 그 자리엔
강당으로 사용하는 게 더 효율적이어서 지금
처럼 바뀌었을 것이다.

능력은 놀라웠다. 평화란 쉽게 오는 것이 아니라 무진의 땀이 필요하다는 걸, 그저 불편하기 이루 말할 수가 없어서 걷는 동안 입이 댓자나 나왔었다는 아이들도 훗날 지들끼리 그때의 얘기를 곱씹는 걸 살짝 엿들은 적도 있다. 분명 학생들과 교사와 부모들이 이루어낸 감동의 순간으로 두고두고 기억된다.

　회의가 분명 많았다. 졸업을 앞둔 2004년 말, 발 빠른 03부모들은 또 하나의 거대한 프로젝트를 구상하게 되는데 말을 꺼낼 때부터 이 사안은 좀 더 많은 시간과 고민이 필요한 일인 듯했다. 지금 4년짜리 군복무에 있는 통일이가 당시 간디 다니며 자주 하던 말이라 나도 입에 밴 말이 있다. "왜 안 돼?" "음~ 그러네!"

　당시 졸업을 한 학생들은 중등 검정고시를 합격하고 선배들처럼 산청간디나 금산간디 또 그 어느 학교를 선택하면 되었다. 부모는 새삼 각 학교를 알아봐야 했고 아이의 종합상황도 진단해야 했다. 왜 그래야 하는데? 제천간디에서 더 배울 게 남았는데. 왜 갈라서야 하는데? 음. 그러네! (이 말은 당시 나 혼자 묻고 답한 말이다.) 제천간디에서 고등 과정이 필요한 이유가 명백해서 이왕이면 내 아이가 혜택일지 담보일지는 계산되지 않았다. 학교 입장에선 고등교육과정이나 아이들이 생활할 공간이나 더 많은 시간이 준비되고 싶었을 것이다. 부모인 우리가 함께 한다니까요. 여태까지 그래왔잖아요…….참 낯짝이 두꺼웠던 때였다. 그래도 했다.

　제천간디중학교 졸업식이 어제 같기만 하다. 함께 키우고 팠던 입학생 26명이 이런저런 사연으로 나뉘면서 집마다 3만 8천 원씩을 모았다. 또 시간이 흘러 작년에 광명 사는 수민이가 제천간디 첫 결혼 소식을 보내왔다. 우리는 너무 기쁘고 애틋해서 긴급 연락을 했고 멀리서 많은 부모와 간디아이들이 모였다. 그날 김제로 이사한 은교맘이 예전에 모았던 3만 8천 원 그 돈으로 가을새우를 사서 젓갈을 담아보자는 제안을 했다. 간디 대동제 때 팔아 장학금으로 기부하자고. 공삼 부모들은 비교적 고만고만하게 가난한 편인데 제안도 참 잘하고, 동의도 잘한다. 부지런한 은교맘 덕에 종잣돈 78만 원은 작년 가을에 항아리를 사고, 새우와 천일염을 사서 추젓을 만들었다. 그 추젓은 한겨울을 꼬박 새우고 105개로 포장되어 지난 간디 대동제 때 팔아 장학금에 보태라며 80개를 학교에 가져다놓았다. 남은 25개는 고등과정 때 편입한 가정을 포함한 03 입학생 집들을 일일이 찾아 전국에 배송했다. 한 통에 2만 원인 25개의 이 새우젓은 또다시 내년을 위한 종잣돈으로 통장에 모일 것이다. 10년 전 시골 폐교 터에 시작한 작은 간디학교에 역시 작은 내 아이를 처음으로 혼자 두고 떠나오던 때를 떠올릴지, 함께 걷던 국토순례를 떠올릴지, 아니면 나처럼 무엇이 있었더라? 애써 거리를 기억하려 하면서 누군가는 공짜로, 또 누군가는 만 원이나 2만 원 , 또 누군가는 10만 원쯤 더 내며…….

지금도 간디 학부모들은 아이들만큼이나 참 바쁘다. 2008년도에 입학한 작은아들 겨레 덕에 만난 부모들을 만나봐도 그렇다. 간디학교를 이렇게도 사랑할 수가 없다. 내 삶의 애환이나 아이의 고민쯤은 속으로 다독이고 최선을 다해 학교를 먼저 생각하려 애쓴다. 그 애씀이 늘 눈에 밟힌다. 원고 청탁을 받고 한 달 내내 선고리의 간디 지난날을 추억했다. 지나간 게 더 아름답다고, 그때가 더 좋았다고 기억되는 이 팔불출 마음을 좀 다잡아야겠다. 10년 전, 이왕이면 학교가 있는 공동체가 답이라고 믿었던 그 시절을 지나서 의도치 않게 보이지 않는 선을 긋게 된다 해도 부끄럽지 않은 공동체를 희망한다. 마지막으로 지난 10년간 나를 성장시켜준 간디 가족들에게 깊은 감사를 표한다. 많이 배웠노라고 말씀드리며 깃발을 세워준 간디학교는 새삼스럽게 말하지 않아도 될 것 같다.

흔들리지 않고
피는 꽃이 어디 있으랴?

김명철(간디공동체 대표)

1997년 1월, 아는 후배의 소개로 산청간디농장으로 1박 2일 모임을 갔다가 간디학교가 곧 문을 연다는 걸 알게 되었다. 오래전부터 공동체와 자유로운 교육에 관심이 많았던 나는 아이들을 자연스럽게 간디학교로 보내게 되었다.

그러나 그 당시만 하더라도, 대안교육이 뭔지? 생태가 뭔지도 잘 모르는 상태에서 그냥 아이를 자유롭게 키워낼 수 있으리란 기대만으로 조기 유학(?)을 보냈다. 큰 애는 그렇게 해서 2000년에 입학을 했는데, 그 당시를 돌이켜보면 지금과는 많은 차이가 있음을 느낀다.

그때는 개교하고 3년이 지난 상태라 그나마 약간씩 안정되어갔지만 그래도 초창기에 겪어야 하는 여러 가지 어려움은 많이 있었던 것 같다. 특히 우리 아이가 들어오기 전, 학교는 설립 주체와 학부모 및 교사와의 철학적인 문제로 인한 갈등, 새로이 모인 사람들끼리 공동체적으로 살아낸다는 것에서 오는 어려움으로 갈등이 아주 많았던 것으로 안다.

그렇게 해서 많은 사람들이 떠나고 다시 오고를 반복하면서 점차 안정을 찾아갔지만 그래도 여전히 많은 갈등이 있었고, 그래서 갈등 중 가장 많은 부분을 차지했던 학부모와 학교의 갈등을 중심으로 이야기해보고자 한다. 물론 여기에는 샘들이 '을'이란 생각이 기본적으로 나에게 깔려 있다는 걸 이해해주시길…….

그 당시는 아직 대안학교나 생태, 이런 가치가 보편화되어 있지 못한 상황이라서 학부모들도 매우 다양한 사람들이 모였었다.

자유로운 분위기에서 인성도 좋아지게 하고, 어느 순간 자신이 하고 싶을 때 열심히 공부도 해서 주류로 다시 편입하기를 바라는 사람도 있었고, 다양한 경험을 통해 자기 길을 제대로 찾았으면 좋겠다는 생각을 하는 사람, 사회변혁운동에 깊이 관여하여 아이도 나름 치열한 삶을 살기를 바라는 사람, 갑갑한 공교육의 현실이 힘들어 이민을 고려하다 대안으로 일단 대안학교에 보낸 사람, 자기 삶을 자유롭게 살기 위해 기숙학교를 찾다가 아이를 보낸 사람, 아이가 상처를 많이 입고 학교 다니는 걸 힘들어해서 보낸 사람 등 정말로 다양한 부모들이 있었던 반면, 학교에서는 그걸 다 감당해내기에는 재정적으로나 대안교육이나 삶에 대한 경험이 거의 없었고, 대안학교 현장에서의 경험도 많지 않았던 샘들 능력 면에서도 한계가 있었던 것 같다. 그러다 보니 당연히 여러 가지 문제들이 많이 발생할 수밖에 없었다.

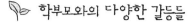

학부모와의 다양한 갈등들

학교에 적극적으로 참여하고 앞장서서 일을 주도했던 분들

초기에는 이런 분들을 학교에서 매우 반겼던 경향이 있다. 특히 재정적인 부분을 나서서 도와주는 분들이 많았기 때문에 초기의 힘든 상황에 학교 입장에서는 든든한 조력자로 여겨졌으리라 본다. 그러나 이런 분들 중엔 성향상 나서기를 좋아하는 데다 자신의 주장을 관철시키려는 의지가 강해서 쌤들을 가르치려 들거나 자기 뜻이 받아들여지지 않으면 학교와 쌤들을 공격하기도 했다. 또한 이런 분들 중엔 대체로 자기 아이 중심으로 학교가 운영되었으면 하는 바람도 상당 부분 있다.

그래서(어떻게 보면 대안학교의 치맛바람에 해당되지 않을까 싶기도 하다.) 전체적으로 그림을 그리려는 학교와 아직 대안적 교육과 삶에 익숙하지 않던 다소 미숙했던 쌤들과의 갈등의 양상으로 치닫게 되는 경우가 많았고, 이런 분들은 대체로 학교를 힘들게 하다가 아이를 그만두게 하는 수순을 밟기도 했다. 어떻게 보면 이런 과정은 초기에 대안학교에 대한 이해가 다소 미숙하고 학교 내부에서도 제대로 된 의견이 정립되지 못했던 상황이라 당연히 발생할 수 있었던 일이지만 서로에게 많은 상처가 된 것만은 확실하다. 물론 이런 부분들은 학교도 많이 안정이 되고, 쌤들의 경험도 쌓이고, 학부모도 대안학교에 대한 이해도가 높아지면서 많이 해소된 문제로 보여지지만 여전히 생각할 부분은 많다.

혼들리지 않고 피는 꽃이 어디 있으랴?

학교 근처에 살거나 시간 강사 등으로 학교에 자주 왔던 분들

대안학교의 교과과정 운영과 철학의 실천은 학교의 철학에 공감하고 공동체에 깊숙이 관여해서 학교가 돌아가는 사정을 잘 아는 사람들이 결정을 하고 실행하는 것이 맞다고 본다. 그러나 학교 근처에 있거나 학교에 가끔씩 와서 수업을 하는 분들이 학교의 속사정을 제대로 잘 알지 못하는 상태에서 학교 내부로 들어가게 되면 외부적으로 드러나는 부족하거나 불합리한 부분들을 보고서 실망하는 경우가 많았다. 특히 이런 일은 산청학교 초기에 많았던 일인데, 근처에 같이 살거나 내부에서 느끼다 보니 서로의 삶이 노출되고 연애할 때 못 느꼈던 것을 결혼하면서 느끼는 것 같은 현상들의 일부분이 아니었을까 하는 생각이 든다. 이분들이 다른 학부모들에게 이런 상황을 부정적으로 이야기하는 경향이 많았고, 학교에서 직접 경험하고 봤다는 이유로 다른 학부모들은 그런 이야기들을 신뢰하게 되면서 학교와 갈등 구조를 만드는 부분이 많았다.

실제로 수업시간도 알려주지 않고, 쉴 수 있는 공간도 없다는 등의 이유로(사실 초기의 대안학교는 서로 여유가 없어서 학부모교사가 알아서 수업시간도 챙기고, 쉴 곳도 적당히 알아서 해결해야 했다.) 학부모이자 교사인 자신을 잘 챙겨주지 않는데 대한 불만까지 겹치면서 전체적인 학교 시스템의 문제로까지 확대해 그러지 않아도 애들 문제만으로도 힘든 쌤들을 더욱 힘들게 만드는 경우를 많이 봤다. 실제로 개교 초기에는 학부모와 교사의 구분이 좀 모호하기도 하고, 학교에서 주변 사람들에게 많이 의존한 편이라 어쩔 수 없기도 했지만 학교에서 그런 상황까지 챙길 여유가 없었던 게 문제였던 것 같다. 그러나 이런 일은 시간이 지나면서 쌤들에게 노하우도 생기고 학교와 학부모의 소통도 어느 정도 이루어지면서 많이 해소된 걸로 보인다. 이제는 근처에 사는 학부모들이 많아지면서 마을 공동체의 의미로 확대해 교사와 학부모의 역할을 재정립해야 할 시기라는 생각이 든다.

대안적인 삶이나 공동체적인 삶에 대한 인식이 부족했던 분들

대안학교는 어디든 입학하기 전에 반드시 학교 설명회를 한다. 우리 학교의 특징은 어떠하고, 철학은 무엇이며, 학교를 다니면 좋은 점과 불편하거나 좋지 않을 수도 있는 점들을 다 이야기를 한다. 그러나 일부 부모들은 자기한테 잘 들리는 이야기들만 취하는 경향이 있다. 그나마 '나도 속아서 아이를 대안학교에 보냈다.'고 고백하는 분들은 나은 편이고, 학교의 시설이 좋지 않다고 불평하거나, 쌤들의 능력을 문제 삼기도 하고, 아이들이 이 시점이면 최소한 이 정도는 되어야 되지 않느냐며 학교의 철학과 맞지 않는 요구들을 많이 하고 심지어는 아이에게 부모가 숙제를 내어주거나 학기 중에 아이를 빼내어가서 인근의 도시에서 과외를 시키는 경우들도 있었다. 결국 이렇게 되면 아이는 이중적인 가치관 때문에 제대로 성장하지 못하고 힘들어 하는 경우가 많았던 것 같다. 사실 이런 문제는 아직도 쉽지 않고 앞으로도 쉽게 풀어가기 힘든 게 아닐까 하는 생각까지 든다. 제천간디라는 학교의 색을 이제 어느 정도는 알고서 학교를 선택하는 것 같은데도 자식 문제 앞에서는 여전히 누구도 쉽지 않다는 생각마저 들게 하는 참으로 두고두고 풀어야 할 숙제이다.

치열하게 살았고 경험도 많으니 자신이 좀 우월하다고 생각하는 분들

이런 분들 중에는 적극적으로 자기가 살았던 경험에 비추어 학교와 쌤들이 치열하게 살지 않는 것 같다면서 공격을 한다. 특히 초창기의 학부모들은 대안교육의 결과로 우리 아이가 어떻게 성장할 수 있을 것인가에 대한 불안한 마음들이 정도는 다르지만 다들 어느 정도 가지고 있을 수밖에 없었는데, 누군가가 나서서 이렇게 공격을 하게 되면서 그런 불안한 마음들을 증폭시켜 전체적으로 쌤들을 힘 빠지게 하고, 학교 전체를 흔드는 결과를 초래했다. 물론 학교가 철저하게 준비를 하고 학부모들이 만족할 수준까지 가면 좋겠지만 재정적으로나 위치상으로나 여러 가지로 쉽지 않은 상황에서 나름 최선을 다하는 쌤들의 입장에서는 당신들을 비하하는 말을 감내하는 것이 아마도 가장 큰 어려움이 아니었을까 싶다. 사실 이 문제는 여전히 우리가 두고 두고 조심하고 고민해야 할 문제이다. 학교와 쌤들을 믿고 느긋하게 지켜봐주는 게 쉽지 않은 환경과 상황에서 자존심 하나로 살아가는 쌤들의 자존감도 세우고 학교도 살리는 일이 아닐까 한다.

대안학교를 운영한다는 것은 정말로 쉽지 않은 일이다. 내 개인적으로는 대안학교 교장을 제대로 하기가 대통령 하기보다 더 어렵지 않을까 하는 생각까지 들 정도로……

철학을 만들어서 그걸 제대로 지켜내야 하고, 공동체적으로 운영되는 쌤들의 관계도 잘 유지해야 하고, 아이들을 제대로 키워낼 수 있도록 지나치지도 않고, 모자라지도 않게 균형을 잘 잡아서 교육해야 하고, 계속해서 변화하는 세태를 잘 파악하여 적절하게 대처해야 하고, 전국적으로 별난 학부모들의 입장도 헤아리고 같이 나갈 수 있도록 많은 신경을 써야 하기도 하고, 자존심을 지켜가는 선에서 적당하게 재정적인 문제도 해결해야 하고, 그러면서도 발생할 수밖에 없는 여러 가지 문제나 갈등을 슬기롭게 헤쳐나가야 하기도 하고, 이런 일들을 잘 해나가는 것이 정말로 힘들다는 것은 옆에서 쭉 지켜보고 일정 부분 학교 내부에 들어가서 일도 해본 나로서는 절실하게 느끼는 부분이다. 아마도 앞으로도 위와 같지는 않겠지만 이런저런 갈등이 없지는 않을 것이다. 그럴 때마다 여러 가지 열악한 상황에서 최선을 다하는 우리 쌤들의 입장을 좀 더 헤아려보고 이해를 해주셨으면 한다.

흔들리지 않고 피는 꽃이 어디 있으랴?

'4대 보험 필요 없어요!'

장진숙(5학년 한솔맘)

제천간디학교는 중고 통합 과정의 6년제 비인가 기숙형 대안학교이다. 이제는 전국적으로 수많은 대안학교들이 세워지고 각기 다양한 스펙트럼으로 학교를 운영하고 있다. 제천간디학교는 인가를 거부하고 있기 때문에 학력 인정도 안 될 뿐만 아니라, 오지 중의 오지에 있는데도 왜 많은 부모들이 자녀들을 보내고 싶어할까?

사전에 나오는 학교(學校)의 의미는 '[교육] 일정한 목적, 설비, 제도 및 법규에 의거하여, 교사가 계속적으로 학생에게 교육을 실시하는 기관'이다. 따라서 현대적인 의미의 학교는 법을 근거로 하지 않으면 '학교'가 될 수 없는 셈이다. 그럼 법에는 뭐라고 나와 있을까?

교육기본법 제2조(교육이념)에서 '교육'은 '홍익인간(弘益人間)의 이념 아래 모든 국민으로 하여금 인격을 도야(陶冶)하고 자주적 생활능력과 민주시민으로서 필요한 자질을 갖추게 함으로써 인간다운 삶을 영위하게 하고 민주국가의 발전과 인류공영(人類共榮)의 이상을 실현하는 데에 이바지하게 함을 목적으로 한다.'라고 하면서 동법 제9조(학교교육) ②항과 ③항에 '학교는 공공성을 가지며, 학생의 교육 외에 학술 및 문화적 전통의 유지ㆍ발전과 주민의 평생교육을 위하여 노력하여야 한다.', '학교교육은 학생의 창의력 계발 및 인성(人性) 함양을 포함한 전인적(全人的) 교육을 중시하여 이루어져야 한다.'라고 되어 있다.

그러니까 우리나라에서 사전적 의미와 법을 근거로 제도화된 학교에 다니면, '홍익인간의 이념을 기초로 자주적이고 민주적인 능력과 자질을 갖춰서 인간다운 삶을 살 수 있고 창의력이 계발되어 민주국가 발전과 인류의 평화에 이바지할' 인재로 거듭날 수 있는 셈이다.

사실 대한민국 중등교육과정이 고학력 스펙 사회로 나아가는 과도기에 불과하고 중고등학교가 대학입시를 위한 학원으로 전락하면서 더 입시경쟁력이 높은 학교를 선호하는 게 현실이다. 그러나 면접 때부터 당당하게 '우리 학교는 입시교육을 하지 않습니다. 대학을 진학하려면 스스로 검정고시를 준비해야 합니다.'라고 하는 게 바로 제천간디학교이다.

그런데 왜 제천간디공동체 구성원들은 사전의 정의나 법적 근거도 없는 학교인 '제천간디학교'에 아이들을 보내는 것일까? 더군다나 충주시에서 면사무소 소재지까지 하루에 네 번 운행하는 시외버스가 있고, 거기에서 또다시 5킬로미터를 더 들어가야 할 정도로 교통마저 열

'4대 보험 필요 없어요!'

무엇보다 자신의 삶을 송두리째 우리 아이들
에게 쏟아붓는 선생님들이 있었기에 오늘의
제천간디는 가능했다.

악한 외진 시골마을에 있는 자그마한 학교를……

바로 그 중심에 제천간디학교 선생님들이 있다. 제천간디에는 도심의 학생들과 학부모들을 끌어모으는 많은 매력이 있지만, 무엇보다 자신의 삶을 송두리째 우리 아이들에게 쏟아붓는 선생님들이 있었기에 오늘의 제천간디는 가능했다.

교사 초봉이 최저임금에도 못 미치는 월 100만 원인 학교, 제일 많이 받는 교사라도 초임의 두 배를 넘을 수 없다고 교사들 스스로 결정한 학교, 2011년 7월부터 전국의 모든 5인 이상 사업장이 주5일 근무에 들어가고 2012년 3월부터 모든 학교에서도 주5일 수업이 실시됐어도 토요 근무는 물론이고, 여전히 주말에 행사가 더 많아 정작 자신의 가족과는 주말도 함께 하지 못하는 학교.

그래도 제천간디학교 선생님들은 그 어느 학교 선생님보다 행복하단다. 4대 보험 가입할 수 있도록 학부모들이 재정적으로 지원한다 해도 거부한다. 국가로부터의 복지보다 제천간디 아이들과 가난하게 호흡을 맞추고 사는 게 더 큰 복지 혜택이라고.

요임금이 자식에게 권력을 물려주지 않고 나라를 제대로 다스릴 사람을 찾아 기산 영수에 은거하는 소부를 찾아가 권력 승계를 부탁했더니, 더러운 얘기를 들었다고 강물에 귀를 씻었다는 허유, 소에게 물을 먹이려다가 더러운 얘기를 들은 허유의 귀를 씻은 물에, 기르던 소의 물을 먹일 수 없다고 상류로 올라가 소에게 물을 먹였다는 소부.

권력과 재물에 대한 탐욕으로 오로지 경쟁만이 최고의 선(善)인 양 살아가는 이 천박한 자본의 시대에 제천간디에는 소부와 허유가 부활해서 살고 있다. 그곳에서 배움을 이어가는 아이들이 부러울 따름이다.

'4대 보험 필요 없어요!'

간디 10년 후를 그려본다

김종태(졸업생 태진빠)

2003년에 태진이와 우리 부부가 제천간디에 입학했으니, 2013년은 거기에 더하기 10년이다. 제천간디의 10년을 기록한 책을 만들면서 앞으로의 10년 뒤를 써달란다. 알겠다고는 했으나 빠르게 글이 써질 리 없다. 왜냐고? 당장 1년 뒤도 어찌 될지 모르는데 10년 뒤를 어찌 알겠냔 말이다. 10년 뒤를 상상하는 일이 쉽지 않을 뿐더러 뒷감당도 못할 것 같아 부담스럽기도 하다. 어찌 되었든 거절 못한 책임은 져야 하니 이 글을 마무리할 때까지 내 머릿속은 복잡할 것 같다.

　다음 글은 경험해보지 못한 10년 뒤를 자유로이 상상한 것이다. 이 글을 읽는 분들도 그리 해보시길.

1. 교육과정

10년 뒤 2023년에는 중학교, 고등학교 합해 5+1과정의 제천간디학교 학제는 아마도 많이 바뀌지 않을까 싶다. 학년의 경계가 없어지고 지금의 중3 정도부터는 학교와 학교 밖의 경계도 전혀 다른 양태로 바뀌지 않을까? 무빙스쿨과 인턴이 교육과정 내내 일상화되는 것을 상상해보자.

제천간디학교 학생이지만 꼭 학교에만 있는 것이 아니라, 원하는 대로 자기 적성과 관심사에 맞춰 여러 곳에 나가 배우고 학교는 정례적인 만남과 모임을 통해 필요한 만큼의 교육과 지도를 하게 된다. 사실 이렇게 되려면 많은 논의와 시도가 바탕이 되어야 할 것이다. 적지 않은 시행착오도 있을 것이다. 교사와 학생 그리고 부모 모두 학교 철학에 대한 물음과 이해와 공감이 동반되어야 가능한 일이다.

제천간디학교 고등과정은 자기 주도적 학습을 넘어선 자주 기획 학습이 일반화되어 있다. 큰 틀의 배움 영역과 세부적인 커리큘럼, 게다가 일부 강사진까지 학생에 의해 기획되고 운영된다. 또한 '평화', '탈핵'과 같은 대안적 가치와 주제에 대한 전문과정 기초반이 있고 상당한 인기가 있다. 졸업 후 지구마을청년대학을 비롯한 청년교육과정에서 더욱 심화된 전문 고등교육과정을 이어갈 수 있고 국제적인 네트워크가 연계되어 있어 국제 전문가의 길도 열려 있다.

2. 학교와 지역 사회

2002년 가을 지금의 제천 덕산으로 학교가 이사 온 후 10년 동안은 학교 내에 여러 부족한 시설을 새로

짓고 보수하는 일이 우선이었다. 도서관, 생태 화장실, 돌집, 창고, 비상계단, 배수관, 기숙사, 다목적실 몇 동, 기숙사 게스트하우스와 조경 공사 등. 2013년 현재 계획하고 있는 고등교육관까지 때마다 필요한 시설을 건립해왔다.

이제부터는 관심과 이해를 좀 더 지역 사회와 마을로 돌려야 할 때가 아닌가 싶다. 지역 사회와 마을에서 필요로 하는 일을 찾고 사업을 하기 위한 시설을 마련하고 교사, 부모 그리고 졸업생들이 활동을 할 필요가 있다.

제천간디학교는 5년 또는 6년제 전원형 특별학교—학교가 이주해 온 지 10년이 지났는데도 지역 주민들 사이에는 여전히 그런 시선이 있다—가 아니다. 제천간디학교는 덕산면 선고리 지역 사회와 마을에 대안적 가치와 공동체를 추구하고 실현해 나가는 노력을 게을리 하지 않아왔다. 물론 학교 차원과는 다른 틀과 사업이 필요하다.

지난 10년의 기간에도 이런 노력을 꾸준히 해왔다. 간디교육문화센터(옛 누리어울림센터), 다문화 이주민 사업, 꿈터 방과후 학교(지역아동센터), 빵카페, 농촌공동체연구소 등이 만들어져 운영되고 있고 최근에는 마을목공소도 구상되고 있다 한다. 여기에 이미 20여 가구에 이르는 이주한 가정, 학교 근처에 거주하는 교사들과 100여 명의 학생들도 덕산면과 선고리 마을의 일원으로 때마다 여러 일과 활동을 하고 있다.

지난 10년이 이방인의 티를 갓 벗어나는 과정이었다면 앞으로의 10년, 20년은 지역 사회에 본격적으로 뿌리를 내리고 가지를 뻗는 기간일 것이다. 그만큼 지역 사회의 일원으로 인정받고 스며들기가 까다

롭고 힘든 일이다.

2004년인가 2005년인가 관련한 논의를 한 기억이 난다. 당시 산청과 갈전 등지에서 땅을 일괄 매입하여 개간 후 수익금을 얻어 분양하고, 거기에 전원주택 단지 조성 방식의 사업을 벌이고 있었다. 이를 보면서 제천간디에서는 더디더라도 서서히 지역 주민들과 융화될 수 있도록 해야 하지 않겠냐는 것이 논의의 골자였고, 대체적으로 지금껏 그 원칙에서 크게 벗어나지 않은 것으로 안다. 물론 땅 구입부터 단지 및 건물 건립까지 계획을 세워 비용도 적게 들이면서 효율적이고 신속하게 일을 벌여내자는 의견도 상당수 있었다. 그럼에도 제천간디는 '서서히 방식'을 택했다. 그러다보니 학교 인근 땅값이 올라 곤란하기도 하고 여러 불편한 점이 많이 발생하기도 했다.

서서히 방식이 인위적으로 주택 단지를 만드는 방식과 다른 근본적인 차이는 지역 사회와 어떻게 연계되는가의 문제와 학생의 재학 기간으로 한정하지 않고 제천간디학교 및 덕산면 선고리 지역 마을 안에서 삶을 살아간다는 것이 지속 가능한가라는 문제일 것이다.

지난 10년 동안 한 집 두 집 서서히 들어와서 농사도 짓고, 인근 도시로 출근하기도 하고, 지역 사업도 하고, 농산물 유통도 하는 등 이제 점차로 비중과 역할이 높아져 지역 사회의 중요한 일원으로 자리매김해 나가고 있다고 생각된다. 물론 이주했다가 생각의 차이나 현실 조건이 맞지 않아 원래 거주하던 도시나 또 다른 지역으로 다시 이주해야 하는 가정도 있다. 다만 단지로 조성되지 않고 지역 여기저기에 흩어져 살고 있으니 잘 드러나지 않는다. 앞으로도 학교 인근으로 이주 귀농, 귀촌 하는 가정들이 지속적으로 늘어날 것이다. 그런 만큼 이제

보다 본격적으로 10년 뒤를 내다보는 청사진을 만들어 나가야 할 것 같다.

🌱 3. 졸업생들은 무슨 꿍꿍이를 벌일까?

2008년 말 고등학교 과정의 첫 졸업생이 나온 이후 6회 졸업생까지 나왔다. 앞으로 10년 뒤라면 16회가 넘으니 벌써부터 세월 참 빠르다는 소리가 절로 나온다.

초기 졸업생들은 사회 곳곳에서 제 몫의 역할을 하고 있다. 제천간디학교의 특성상 일반 기업 취업보다는 전문 분야에서 일하는 경우가 많다. 대안적 가치와 창의성을 바탕으로 자기 분야에서 새로운 시도를 한다는 소식이 심심치 않게 들린다.

여전히 배움을 지속하면서 여러 가지를 시도하고 실험하는 사람들도 많이 있다. 대안교육대학을 나와 제천간디학교 교사 또는 다른 대안학교에서 교사로 일하는 졸업생도 꾸준히 늘어나고 있다. 결혼해서 아이를 데리고 학교에 인사 오는 일도 다반사다. 몇 년 뒤면 졸업생의 2세들이 제천간디학교에 입학하는 일도 생길 것 같다는 소식이다.

🌱 4. 제천간디학교 교사들

제천간디학교 교사들은 이미 지역사회에서 가장 존경받는 일원들이다. 왜냐하면 학교의 교사일 뿐 아니라 지역과 마을에 거주하는 주민으로서 제 몫의 역할을 하고 있기 때문이다. 그 길을 지난 십수 년 동안 간디교육문화센터가 열어왔다.

교사들은 바쁜 학교 일정과 주민으로서의 역할을 같이 하려니 늘 바쁘다. 그래도 교사의 숫자가 늘어나고 제도도 개편되어 많은 배려가 가능하기 때문에 예전보다는 많이 나아진 편이다.

교사들의 처우도 4대 사회보험과 몇 가지 연금 제도가 만들어지면서 아직 부족하지만 안정되어 가고 있다.

맨 앞에서 말했듯이 경험하지 못한 10년 뒤를 자유로이 상상해보았다. 너무 좋은 쪽의 상상만 한 것 아닌가 싶긴 하다. 사람이 살면서 또 학교를 비롯한 조직이 발전해 나가면서 어찌 갈등과 다툼, 사고와 우여곡절이 없겠는가? 그렇지만 그걸 글로 옮기고 싶지는 않다. 다들 이해하리라 믿는다.

교사, 재학생, 재학생 부모 및 거쳐 간 선생님들과 졸업생, 졸업생 부모들까지, 그곳에 정착해 살든 그렇지 않든 고향 같은 냄새 나는 제천간디학교와 덕산면 선고리 마을이 되면 좋겠다.

우리 아이들은
앞으로 어떻게 살아갈까?

신진철(6학년 지성빠)

간디학교를 알게 된 지도 어느덧 9년째로 접어들었다. 한 해 한 해 지나면서 고민들이 점점 바뀌어간다. 첫해에는 "과연 우리 아이가 이 학교에 잘 적응할까?", "이 학교가 진짜로 어떤 학교일까?" 등등, 뭐 이런 것들이 고민이었고, 시간이 지나면서 그 고민들은 여러 가지로 전이되었다.

요즘의 고민은 "우리 애들은 이담에 어떻게 살지, 무얼 하며 살지?"가 제일 큰 화두다. 큰아이는 이미 졸업을 했고, 작은아이가 6학년이니까 요즘 실정에 맞는 고민일 게다. 큰아이는 요즘 알바를 하며 지낸다. 겉으로 보아서야 무지 많은 일을 하고(하루 10시간 이상 노동!) 열심히 살고 있지만 그것이 내심으로도 흡족한 일인지, 아니면 마지못해 억지로 하는 일인지 옆에서 지켜보는 부모로서는 정확히 모른다. 재학생 학부모들이 졸업생들의 근황 중 제일 궁금해하는 부분일 것이다.

우리가 자라던 시절의 잣대로 아이들 세대를 보기란 불가능에 가깝다. 스무 살 무렵의 내 시절들을 생각해보면 더욱더 그러하다. 난 그때 참 미련스럽게 지내온 것 같다. 꿈은 물론 없었고, 그저 허덕거리면서 집안일에(그때 우리는 시설농사를 지었다. 비닐하우스에서 토마토 농사일은 재수생마저도 하루 7~8시간은 일해야 했다.), 오후에는 졸린 눈으로 학원에서 보내야 했다. 그저 학력고사 점수가 몇 점인지가 제일 큰 관심거리였을 뿐, 그 이상을 생각한다는 것은 용량의 한계에 부딪힐 수밖에 없었다.

지금 우리 큰아이는 그 시절의 나 못지않게 일을 하지만 그 한계를 훌쩍 넘은 듯하다. 물론 환경이 이미 그때와는 많이 달라졌기도 하지만 기본적으로 스스로 결정짓고 행동할 수 있는 사고의 폭은 왕년의 나의 한계를 한참 넘어선 것 같다. 때로는 아이의 생각이나 활동에 끼어들고 싶은 생각이 안 드는 건 아니다. 하나 그래봤자 길게 보아서 그게 무슨 도움이 될까 하는 생각이 더 많다. 이미 다른 세상에서, 다른 생각을 하면서, 다른 사람들과 사는 것을……

🌱 졸업 후 아이들을 바라보는 기본적인 관점

나는 큰아이를 간디에 보내면서 제일 바랐던 게 스스로 재미있는 인생을 살아가는 것이었다. 이건 나 혼자만이 아니라 대다수의 부모님들이 바라는 바일 터다. 이제 간디를

우리 아이들은 앞으로 어떻게 살아갈까?

졸업하고 세상으로 나서 보니 가슴이 철렁해지는 것 또한 마찬가지일 것이다. 요즘 대학을 진학하는 것은 누구나 다 필수라고 알고 있다. 여기에는 대안학교를 졸업한 아이들이나 부모님들도 예외가 아닌 듯싶다. 그래서 기본적으로 졸업생들 중 누구는 어느 대학 가고, 누구는 어디로 유학가고 등등이 재학생 부모들에게도 화제가 된다. 그리고 졸업을 하고 나서 시기상으로는 상이점이 많지만 누구나 '언젠가는' 대학 가는 것을 기본으로 삼는다. 또한 막상 대학에 진학한 아이들 중 중도하차하는 경우도 적지 않다. 새로운 배움이 생각보다 없기 때문이다.

여기서 고민이 시작된다. 혹자가 "당신에겐 다른 길이 있습니까?" 하고 묻는다면 내심 아예 없지는 않지만 드러내기에는 부족함이 참 많다는 것도 안다. 그래도 다른 길을 찾기는 해야겠지. 간디학교가 제천 덕산으로 이사온 지 10년이 넘었다. 자연히 여기서 학교를 졸업한 졸업생들도 적지 않은 수다. 그리고 그중 몇 명은 덕산에 살고 있다. 이들은 덕산청년회, 줄여서 '덕청'이라고 스스로 부르며 이 동네에서 어떻게 살아갈 수 있을까를 고민한다. 그러나 아직 이 동네에는 이들이 살아갈 만한 터전이 마련되어 있지 못하다.

살면서 보니 이 동네에는 나름대로 구슬들이 꽤 있다. 그런데 그 구슬들을 꿸 바늘과 실들이 마땅치 않다. 그러다보니 그 구슬들이 굴러다니다 흙 속에 묻혀버리기도 하고, 엉뚱하게 꿰어져 보석 대접을 못 받고 그냥 공깃돌로나 쓰이고 마는 경우도 적지 않다. 하지만 이 동네 출신의 20대 젊은이란 덕산에서는 이젠 완전히 멸종된 화석이 되고 말았다. 이러한 부분에 간디출신의 '덕청' 멤버들이 할 일이 많

4부 흔들리며 피는 꽃, 제천간디학교

이 있다.

한 예를 들어보자. 덕산에 내려와서 살고 있는 간디 식구들이 이제는 적지 않다. 학부모들만 해도 열 가구는 이미 한참 전에 넘어서 스무 가구를 바라보고 있다. 쌤들의 가구까지 합치면 마흔 가구가 거의 되는지, 이미 넘었는지도 헤아리기 어려워진다. 또한 올해 6월 15일에는 홈 커밍 데이를 개최하면서 졸업생들의 모임도 꾸려졌고 졸업생 학부모들의 모임도 꾸려졌다.

이 정도의 조건이라면 간디인들이 중심이 되는 생활협동조합을 구상하고 준비할 시기가 무르익었다고 할 수 있다. 각자의 생업에 종사하는 간디인들을 엮어내는 바늘과 실의 역할에 졸업생들이 큰 역할을 해낼 수 있다고 본다. 또한 지역에서나 간디에서도 절실히 필요로 하는 일이다. 졸업생 및 재학생 학부모들이 앞장서서 길을 틔워주고 청년들이 그 안에서 날개를 펼 수 있다면 최상의 포스트 중등이 될 수 있지 않을까 한다.

여기에 간디 특유의 문화콘텐츠와 네트워크를 더한다면 대안교육을 넘어서는 대안사회 내지 대안공동체의 원형을 창조할 수도 있다고 본다. 경쟁을 넘어서 상생을 모색하는 것이 우리가 꿈꾸고 노력하는 대안교육이고 대안사회라는 점에서 이 '구슬'들은 상당히 매력적인 구슬이다. 이 구슬들을 온전히 빛나는 보석이게 하는 것도 간디인이라는 실과 바늘이 아니면 어렵다. 이 길은 대학이라는 길을 거치지 않아도 충분하지 않을까?

아이들이 학교에 다닐 때는 곧잘 행복을 염두에 두고 그 행복이 충족되는 길을 찾으라고 이야기했던 게 생각난다. 이제 아이들이 졸업

우리 아이들은 앞으로 어떻게 살아갈까?

을 하고 나서도 우리는 그 이야기를 계속해야 한다. 그리고 이 사회 주류에 편입되려고 발버둥치는 게 행복을 찾는 길이 아님을 우리는 다시 한 번 자각해야 할 것이다. 전 세계적으로 아이들 세대가 우리 세대만큼의 경제적 풍요를 누리는 게 열의 하나는 고사하고 스물의 하나도 안 된다고 한다. 그리고 부의 양극화도 날이 갈수록 심화되어 가고 있음은 새삼 이야기할 것도 없다. 그러고 나면 아이들 세대에서 행복할 수 있고 자아를 실현하는 길은 오히려 대안의 교육에서 갈고 닦은(!) 자유분방함을 더욱 살려 대안공동체와 대안의 경제를 아우르는 대안사회를 꿈꾸고 추구해 나아가는 데 있다고 할 것이다.

또 다른 관점에서
포스트 중등, 혹은 희망

어릴 때 내 꿈은 농부가 되는 것이었다. 물론 부모님은 코웃음을 치셨다. 그리고 농사 지으려면 미쳤다고 중학교와 고등학교를, 그리고 대학교를 다니느냐고 하셨다. 그래서 나는 먼 길을 돌아서 40대 중반이 되어서야 다시 제 길로(농사 짓는 길로) 들어설 수 있었다. 요즘 많은 가정을 해보곤 한다. 만일 내가 대학을 가지 않았더라면, 그래서 집에 눌러 앉아서 농사일을 했더라면, 에서부터 결혼하고 곧바로 농사일을 했더라면까지 참 많다. 그러고 보면 길을 돌더라도 결국에는 제 길을 찾는다는 생각도 해본다.

우리 아이들이 길을 찾을 때 부모님들의 의견도 적잖이 알게 모르게 반영되곤 한다. 아이들은 대학 갈 맘이 없는데도 부모들은 당연히 진학한다는 걸 전제로 그들의 앞날을 생각한다. 혹은 반대로 아이들은 대학에 갈 생각이 있음에도 부모들이 반대로 생각하기도 한다.

어쩌면 당연한 것일지도 모른다. 동서고금 어느 계급을 막론하고 자식들의 앞날에 개입하고 싶어하지 않는 부모가 있으랴. 물론 부모들은 먼저 살아봐서 세상의 단맛과 쓴맛을 잘 알고 있다고 스스로 생각해서였겠지. 허나 냉정히 생각해보면 과연 그럴까이다.

부모들이 겪은 세상은 사실은 아주 좁은 범주이기 십상이다. 또한 넓은 범주라고 해도 이미 시대가 한참 지난 구닥다리 경험이기 십상이다. 당연하다.

요즈음 세상의 변화는 쏜살같은 경지를 넘어서 레이저 빔의 수준 같다고 한다면 과한 것이 될까? 2000년대 초반에서 2010년대의 지금까지 변화의 양과 속도는 아마도 조선 개국부터 1980년대까지의 변화의 총량과 속도보다 결코 못 하지 않으리라 여겨진다. 이런 시대에 어느 어른께서 과거의 경험과 상식을 가지고 아이들을 이끌고 지도할 수 있으랴. 결국 어른들도 같은 양과 속도로 변화하는 수밖에 없다. 그것이 불가능하다면 소달구지를 타고 최신형 KTX를 선도하려는 모양새가 되겠지.

저마다 가야 할 길은 다 다르다. 이 길을 가는데 같이 갈 사람을 구하는 것은 그 길을 갈 사람의 몫이다. 부모의 입장에서는 포장된 넓은 도로가 오히려 아이들에겐 위험이 가득 찬 고속도로가 될 수도 있다. 가보지 않은 길인데 옛날에 갔던 길과 비슷하다는 생각으로 이끌려 한다면 그 또한 오산이 될 수 있다. 출발은 비슷하더라도 중간에 그 길이 어떻게 휘어질지는 아무도 모르니 말이다.

이제 우리가 가져야 할 또 하나의 관점은 아이들의 선택을 지켜보

80이 넘는 인생살이 중에서 고작 20대에서의 성공이나 실패는 너무 기뻐할 일도 아니고 너무 좌절할 일만도 아니다. 그러니 우리는 이런 말을 많이 해야 한다. "그래, 알았다. 소신껏 열심히 해봐라. 넌 잘 할 수 있을 테니까."

아주고, 격려해주는 일이다. 보기에 답답하다고 해서 대신 가줄 수 있는 길이 아니라면 좌충우돌과 방황도 당연히 있는 길이라고 인정하는 게 필요하고, 실패가 꼭 나쁘지만은 않다는 것도 인정해야 한다. 전체 80이 넘는 인생살이 중에서 고작 20대에서의 성공이나 실패는 너무 기뻐할 일도 아니고 너무 좌절할 일만도 아니다. 그러니 우리는 이런 말을 많이 해야 한다. "그래, 알았다. 소신껏 열심히 해봐라. 넌 잘 할 수 있을 테니까."

이 가운데서 갈고 다듬어진 아이들이 스스로의 길을 가는 것이 우리의 희망이 되고 포스트 중등의 한 유형이 되리라 믿는다.

🌱 우리 아이들은 어떻게 사는 게 좋을까?

아마 간디의 아이들은 정형화된 사회나 조직이든, 자신들의 의견을 마음껏 펼칠 수 있는 장이든 별 상관없이 거의 모든 경우에 잘 적응할 수 있으리라 믿는다. 도무지 근거 없는 자신감이라구요? 그렇지 않을 것이다.

요즈음 열세 살부터 열아홉까지의 그 거센 질풍노도기를 기숙사에서 보내야만 하는 10대는 그리 흔하지 않다. 그 안에서는 부모의 과보호는 아예 기대도 못 한다. 더군다나 그 나이 또래에(한 살만 많아도 하늘같이 보일 시기에) 무려 대여섯 살 위의 선배들까지 한 공간에서 복닥거린다. 아마 군대에서조차도 이렇게 큰 격차는 없을 것이다. 그러니 어느 정형화된 사회나 조직에 적응을 못하겠는가?

또한 간디에서는 스스로 결정하고 움직이지 않으면 수업을 듣는 것

우리 아이들은 앞으로 어떻게 살아갈까?

조차 불가능하다. 사실 나는 대학에 가서야 처음으로 교과 시간표를 내가 직접 짜보았다. 그나마 자율성이라곤 전혀 없는 두어 과목만 겨우 선택할 수 있는 극히 제한적인 범위였다.

이런 점들을 감안할 때 우리 아이들이 어디서나 적응을 잘 하리라는 건 의심의 여지가 없다. 바로 이런 점들이 간디 아이들의 특징이다. 대안학교들 가운데서도 인가를 거부한 학교, 그 가운데서 농촌에 자리 잡아서 1학년은 의무적으로 기숙사 생활을 하는 학교, 입시를 위한 준비를 전혀 해주지 않는 학교, …… 이런 환경에서 자라난 우리 아이들……

예전에 우리 큰아이가 했던 말이 생각난다.

"간디애들은 학교에서는 찌질이짓을 해도 밖에 나가면 다 인정을 받아."

"도대체 다른 애들은 이 일을 하고 나면 저 일이 안 보이나봐. 답답해 죽겠어."

인턴십을 하면서 알바를 했던 큰애가 집에 와서 하던 말이다. 대학 졸업한 정직원인데도 불구하고 시키는 일 외에는 다른 일은 영 못 하더라면서 이해를 못 하겠다고 한다. 그럼에도 지불되는 임금은 정직원의 반도 안 되는 현실. 이것이 이 사회의 줄 세우기이다.

이 사회는 주류들의 안락한 삶을 위해 95퍼센트의 비주류를 경쟁시키고, 탈락시키고, 그리하여 그들의 목표인 무한대의 착취를 완성한다. 그러기 위해 허접한 대학이라도 꼭 가야 한다는 분위기를 만들고, 학벌을 만들고, 계급을 만들고 그 상부를 틀어쥐어서 전 사회를 지배하려 한다.

우리 아이들은 천박한 현 사회구조에 편입되기보다는 스스로 정의롭고 합리적인 구조를 세워 나가리라 믿는다. 그리고 부모 세대들은 아이들이 세워나갈 구조의 터전을 닦는 일을 시작해야 한다고 생각한다.

너희는 좋겠다, 학교 다녀서

김은수 · 김민석 기자(2학년)

인터뷰 대상자 : 신지수(06학번)

7월 30일 은수와 나는 10주년 기념 책자에 실을 졸업생 인터뷰를 하기 위해 서울 삼성역에서 06학번 졸업생 신지수 선배를 만났다. 예전 학교 얘기도 듣고 졸업 후 사회생활 얘기도 듣는 의미 있고 소중한 자리를 가졌다.

신지수 선배는 2011년도에 졸업을 하였고 현재는 아르바이트를 하고 있다. 학창시절, 선배는 사고를 치지는 않았지만 그렇다고 모범적이지도 않았다고 말했다. 몰래 무단 외박을 하려고 덕산에 나갔다가 걸려 잡혀온 적도 있었고, 활발했지만 혼자 있는 걸 좋아했다고 한다. 그땐 사람이 적어 혼자 있을 수 있는 공간도 많았다고 한다.

지수 선배는 요리에 관심이 많아서 개인 프로젝트와 논문 방향을 요리로 잡았다고 한다. 동아리는 미지정, 솔뫼바람, 둥글래 창업 프로젝트에서 활동하고, 학생회는 3~4년 서기를 하고 기숙사 동장도 했다고 한다. 동장을 맡을 때 기억에 남는 건 매일 도난을 안건으로 회의를 했던 것이라고 한다. 그때 동아리 문화도 지금처럼 할 사람은 하고 안 할 사람은 안 해서 가끔 소리도 질렀다고 한다.

예전 학교는 사람이 적은 편이어서 다 친했고 쌤들과도 사이가 좋았다고 한다. 지수 선배에게 특별히 기억에 남는 사람은 은희쌤이라고 한다. 은희쌤은 간디학교 1기 졸업생인데 선생님으로 왔다가 결혼해서 나갔다고 한다. 그분이 아마 최초로 학생에게 욕을 한 분이라고 한다. 심한 욕이 아니라 '똥강아지야!' 같은 것.

그땐 자주 일어나는 심각한 문제로 도난이 가족회의 때 많이 올라왔다고 한다. 스톱회의 한 번 하면 1주일씩 해서 수업도 안 하고 밥 먹고 회의하고 울고 회의하고 내내 회의만 했다고 한다.

지수 선배는 1학년 때 적응하기가 힘들어서 대동제 끝나고 어머니가 갈 때 울었다고 한다. 자기가 간디인이라고 느꼈을 때는 졸업하고 밖에 나와보니 생각하는 게 일반학교 아이들이랑 다를 때라고 한다.

Q. 논문을 요리로 썼다고 했는데 기억에 남는 일이 있었다면요?

A. 음……한 1주일 동안 엄청 열심히 레시피를 생각했는데 그 레시피가 인터넷에 이미 있었던 거야. 그래서 처음부터 다시 했지. 아직 알려지지 않은 작품을 만들어야 논문이 되니까. 요리하고 있으면 애들이 와서 한입만 달라고 해서 그럴 때 힘들었어. (웃음)

Q. 인턴십은 어디로 갔나요?

A. 인턴십은 두 군데 갔는데 한 곳은 '에코 밥상'이라는 친환경 음식점, 그리고 다른 한 곳은 '작은 나무'라고 성미산 학교에서 하는 마을 카페였어. 그곳으로 정한 이유는 친환경 음식, 마을 카페, 공동체, 이런 걸 기준으로 삼았기 때문이야.

Q. 인턴십 하던 중 기억에 남는 일이 있나요?

A. 에코 밥상에서 일하다가 손을 베었어. 근데 초반에 손을 베어서 그 후로 칼질을 못하고 잡일을 했었지. 양파 까기 등등.

Q. 자퇴나 휴학을 고민한 적 있나요?

A. 있지. 중2병 걸렸을 때랑 4학년 때. 내가 하고 싶은 건 있는데 학교에선 요리를 배울 수 있는 시설들도 없고 배우고 싶은 분야를 알려줄 사람이 없었으니까. 1년 휴학하고 요리를 배우고 오겠다고 했는데 부모님이 결사반대하셔서 못했지.

Q. 간디학교에 있으면서 좋았던 점, 아쉬웠던 점, 힘들었던 점이 있다면요?

A. 좋았던 점은 일반학교 아이들이 경험할 수 없는 추억을 쌓은 거? 몰래 서리해서 고구마 까먹었던 기억들. 아쉬운 점은 더 재밌게 못 논 것. 공부는 해야 할 것 같았는데, 어떻게 하는지 모르니까 공부도 못하고 놀지도 못하고. 차라리 그때 더 재밌게 놀았으면 뭐라도 하지 않았을까? 힘들었던 점은 애들이랑 싸우면 또 봐야 한다는 거. 그 외에는 없는 것 같아.

Q. 간디 덕분에 사회생활에 도움이 된 게 있나요?

A. 힘? 끈기? 체력이 받쳐주니 아르바이트 같은 거 하면 사장들이 좋아하지. 여자애가 일 잘하고, 힘도 잘 쓴다고.

Q. 지금도 졸업생들끼리 자주 모이나요?

A. 스무 살 때는 학교가 그리워서 모이다가 시간이 지나면 남자애들다 군대 가고 여자애들은 대학 가고 공부한다고 바빠서 만나는 애들은 많이 없어. 후배들도 꾸준히 만나기는 해.

Q. 간디에서 보는 사회와 직접 몸으로 부딪히는 사회의 같은 점과 다른 점이 있다면요?

A. 일단 간디에서 보는 사회는 그래도 살 만해 보였어. 우리 학교가 따지자면 정치적 성향은 진보 쪽이잖아. 그러니까 뭔가 정의로운 사회를 구현하는 이런 마인드가 있었지. 그렇게 바라보면 나름 살 만해 보여. 간디에서만 보고 배우니까. 사회에 나와 보면 말로 표현할 수 없는데 겪어보면 꽉꽉해. 간디에서 여유롭게 살다가 와서 그런지는 모르겠는데 많이 빡빡해. 현실에 많이 부딪히지. 학교에서는 돈이 중요하다고 가르치지 않잖아. 근데 현실은 그게 아니니까. 나도 돈이 그렇게 중요하다고 생각하진 않는데 대학에 가려고 해도 돈이 필요하고, 유학을 가서 내가 배우고 싶은 걸 하려고 해도 돈이 필요하고, 여행 가려고 해도 돈이 필요하고, 늘 이런 거에 부딪혀. 학교에서 배운 것들을 현실적으로 생각하는 건 있는데 그게 좀 슬프지. 같은 점은 글쎄 잘 모르겠어. 그래도 사람 사는 건 똑같으니까.

Q. 곧 졸업하는 간디인들에게 해주고 싶은 말이 있다면요?

A. 나는 꿈을 꾸는 것도 좋긴 한데 그래도 현실적으로 보면 좋겠어. 내가 하고 싶은 것들을 무작정 꿈만 꾸지 말고. 학교에서는 꿈을 찾으라고 했지. 그래서 꿈을 찾고 나왔지만 그걸 현실 속에서 이루기 위해서는 노력이 필요한데, 대체로 노력을 안 하고 꿈만 꾸는 것 같아. 언젠간 그렇게 될 거야라면서. 그러지 말고 어느 정도 현실과 타협하면서 내가 생각한 거랑 다르더라도 맞춰가면서 해야 인정을 받을 거 아니야. 그래야 꿈을 이룰 수 있다고 생각해. 인정을 안 받아도 내가 행복해하면 그만일 수도 있는데 좀 노력했으면 좋겠어. 꿈을 이루기 위해서.

Q. 6학년 때 졸업하기 전에 기분이 어땠나요?

A. 슬펐어. 졸업하기 싫었어. 인문학 책 후기에 써 있는데, 어떤 울타리 안에 있다가 나오는 기분? 학교 다닐 때는 무빙스쿨이나 인턴십을 가도 "간디학교에서 왔는데요." 하면 "아, 간디학교에서 왔구나." 하셔. 근데 혼자 사회에 나가 어디 가서 돈을 받지 않고 인턴십을 하고 싶다 하면 부담스러워 하고 '어 애가 왜 이러지?' 이런 반응을 보이지. 소속감이 없어지는 게 생각보다 크더라고.

Q. 대안학교 학생이어서 사회생활이 힘든 적이 있었나요? 반대로 좋은 점은요?

A. 아니, 난 그냥 당당하게 말하고 다녔거든. "너 어디 학교 다녀?" 하면 "간디학교요." 하고, "간디학교가 어디야?" 하면 대안학교라고 말하고. 대안학교라고 하면 어른들은 "너 소년원 갔다 왔니?" 그러시기

도 했어. 그래도 우리 때부터는 대안학교에 대한 인식이 좋아진 듯해. 좋은 점은 아직까진 없는 것 같아.

Q. 인터뷰한 소감을 이야기해준다면요?
A. 좋겠다. 너네는 학교 다녀서…… 나도 학교 다니고 싶다.(웃음) 학교 다니면서 딱 그때를 즐겨야지, 나중에 졸업할 때 후회를 안 해. 아무리 신나게 놀아도 졸업할 때 후회는 있겠지만 덜 후회하기 위해서 신나게 놀아.

신지수 선배는 앞으로 요리 쪽으로 나가고 싶다고 했다. 호텔요리사가 되기 위해 대학을 가려고 한다고 했다. 학교에서는 대학 가는 공부를 안 시켜줘서 아쉽지만 그 공부가 자신의 인생에 큰 부분을 차지하지 않으니까 괜찮다고 한다. 다시 돌아간다면 또 간디학교에 입학하겠다고 한다. 초반에는 일반학교가 궁금했는데 나와서 사람들 얘기를 들어보면 하나도 안 궁금하다고 했다.

지수선배는 졸업하고 학교에 오면 힐링이 되는 기분이라고 했다. 지수선배에게 간디학교는 집 같은 곳이라고 한다. 그래서 마음이 편해진다고 했다.

간디 예찬

양희창(간디교육문화센터)

어리석게 보이는 것이 지혜라네.

아니, 고통을 통해서 진리를 얻는다고?

잘 살고 있다고 착각하는 이들에게 한 방 날리기, 아이쿠 내가 맞았네.

에라스무스가 『우신 예찬』을 통해 지혜롭다고 자처하는 이들이 실은 얼마나 어리석고 불행하게 살아가는가를 꼬집었다면 간디 예찬은 우리가 간디학교라는 이름으로 진정 꿈꾸었던 것이 무엇이며, 지금 우리의 모습은 어떠한지를 들여다보는, 막걸리잔 기울이며 달빛 아래 노니는 인생독백이라고나 할까,

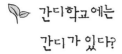
간디학교에는
간디가 있다?

　　　　　　　　　간디 자서전을 아이에게 사주는 엄마, 몇 년을 처박아두었다 심심해서 읽어본 자서전을 들고 흥분해서 외치는 아이. "엄마, 나 간디처럼 살래요." 엄마는 정색을 하며 더 큰 목소리로 외친다. "너 미쳤니? 하라는 공부는 안 하고 쓸데없는 소리를 하니, 간디처럼 사는 게 가능하다고 생각해?"

　그렇다. 간디처럼 살려면 자주 굶어야 하고 가난하게 살아야 하며 고기도 먹지 않고 생태적 삶을 살면서 엄청 절제해야 한다. 게다가 가끔 감옥도 가주어야 하고 공동체 생활을 하며 매일 똥도 치워야 한다. 그리고 물레를 돌리며 손수 옷을 만들어 입어야 하고 마지막은 길거리에서 총 맞고 죽어야 한다. 그러니까 간디학교에는 간디처럼 살아야 한다는 말은 풍성하지만 실제로 간디가 되고 싶어 하는 사람은 없다. 참 다행이다. 총 맞을 일이 없으니.

　간디학교라는 이름을 붙인 건 어쩌면 운명인 것 같다. 간디처럼 살겠다는 비장한 각오를 하지 않고서도 약간의 저항정신, 교육에 대한 자유로운 이념을 갖고 간디호를 출범시켰으니까. 지금 생각하면 좀 경솔했다는 반성도 하지만 끊임없이 우리에게 삶에 대한 경각심을 불러일으키는 화두가 된다.

　간디의 비폭력 저항정신, 기계문명에 대한 비판, 생명에 대한 공경과 공동체 정신 등은 이 시대에 와서 생명과 평화 사상으로 더욱 빛을 발하고 있다. 100년 전의 사상과 통찰력이 현재 우리들의 고민으로 나타나고 있잖은가. 사대강이 문명의 이름으로 사정없이 파헤쳐지고 원

전 마피아에 의해 우리들의 삶이 깡그리 파괴될 수 있는 위험사회를 목격하면서 더욱 간디의 혜안이 돋보이는 거다.

간디처럼 살겠다고 다짐할 수는 없지만 간디의 영향을 받아 우리 삶이 조금씩 변화되는 것을 서로를 통해 경험할 수 있다면, 참된 지혜는 어리석게 보이는 이들에게서 발견될 수 있다는 것을, 거꾸로 살아가는 이들의 역동성을 행복이라고 볼 수 있다면 얼마나 좋을까.

찰리 채플린은 간디를 딱 한 번 만나 이런저런 얘기를 나누다가 기계문명의 위험성과 인간 소외에 대한 간디의 통찰력에 영감을 얻어 〈모던 타임스〉라는 걸출한 영화를 만들게 된다. 노동자가 밥 먹는 시간도 아까워 밥 먹여주는 기계를 만들고 단순 반복하는 작업만 하다가 결국 정신병원에 끌려가는 이 흑백 무성영화의 문명고발은 스마트폰의 노예가 되어 진정한 소통도 지혜도 얻지 못하고 살아가는 이 시대의 고발이기도 하지 않을까?

간디학교에서 생활한 아이들, 젊음을 불태우는 교사들, 그리고 아이들을 통해 간디식구가 된 부모들은 간디의 어느 한 부분이라도 자기 세포로 변환시켜 시대를 고민하고 우리가 살아갈 세상에 대하여 꿈꾸어 보는 것이다. 간디의 성육신은 우리에게서 이루어져야 하겠지.

🌱 간디학교에는 사랑과 자발성이 있다?

사랑과 자발성, 간디학교의 교육 철학이다. 물론 아이들은 자기들의 방식으로 해석하여 사랑, 과자, 발성(노래)으로 받아들인다. 간디학교에서 연애 한 번 못하고 몰래 과자 사먹고 축제 때 노래 한 번 못 하면 평생 후회한다는 거다. 우리보다 낫지 않은가? 사랑이라는 이름으로 편애하고 자발성이라는 명분 아래 방치하는 것 아니냐고 대들던 아이들이 무척 그립다.

간디는 불가촉 천민을 자신의 양아들로 삼아 하리잔, 즉 신의 아들이라고 새롭게 이름을 붙여줬다. 사랑으로 전혀 새로운 인간을 탄생시킨 간디이지만 그렇다고 대단한 교육철학을 가진 건 아니었다. 그런데도 간디의 교육사상이 여느 심오한 교육철학을 넘어서는 위대한 진리를 품고 있는 까닭은 실제로 사랑의 교육철학을 실천했기 때문이 아닐까?

사랑이라는 교육철학은 참 모호하다. 명쾌하지도 않고 통속적이기까지 하다. 하지만 아이들과 살면서 느끼는 건 가르치는 이들 중심이 아닌 아이들을 온전히, 깊이 바라보면서 아이들이 원하는 것이 무엇일까, 어떤 것이 아이들이 배워야 할 것인가를 생각하면서 과감하게 우리의 틀을 바꿀 수 있도록 만드는 것이 사랑의 철학이라는, 그래서 깊고도 넓은 사랑의 경지를 조금씩 교육과정 속에 녹여내게 되고 구체적인 삶 속에 사랑의 철학이 가능해야 함을,

자발성은 곧 자립적인 존재로 서는 것을 의미했기에 간디는 노동하지 않는 이들은 공부도 시키지 말라고 했다. 자립적인 존재로 서기 위해서는 머리와 손이 함께 움직여야 하고 특히 청소년 시기에 손의 발달을 가능하게 하면 그 숙련성은 평생을 통해 자신과 이웃의 삶을 풍성하게 할 거라고 믿었다.

공부를 잘 하기 위한 창의성, 자발적인 태도 정도에서 한층 더 나아간 자발성의 철학을 사실 우리도 잘 이해하지 못한다. 그런데 아이들

아이들을 공부시켜 자본의 노예가 되도록 하
는 것이 아니라, 자기 삶의 주인이 되도록 하
려면 '마을'이 복원되어야 하고 마을에서 살
아갈 수 있도록 교육, 문화, 경제가 이루어져
야 한다

은 우리보다 훨씬 자발적이고 독립적이다. 인턴십이나 프로젝트 학습을 수행하는 것을 보면 부모들이나 교사들은 입만 살았지 결코 해 내지 못할 거라고 고백한다. 그래 니들이 훨 낫다.

배운다는 것은 사실 호기심에서 출발한다. 아무 것도 궁금한 게 없는 세상에서 얄팍한 정보만 스마트폰에서 쉽게 얻는 아이들, 요즘 아이들은 오직 출세하기 위해서 암기하고 돈을 많이 벌기 위해 공부한다. 그래서 아무 것도 알고 싶지 않고 갈수록 지쳐간다. 사랑과 자발성의 철학은 사람과 세상에 대하여 궁금해하는 것이다. 그리고 점점 더 호기심을 키워 깊이 배워나가는 것이다.

궁금해하는 아이들, 이웃에게 도움이 되는 것이 뭐 없을까 살피는 아이들, 그래서 세상에 필요한 공부를 찾아서 하는 아이들이 간디에 있다고 믿어도 될까? 근데 그런 보석 같은 아이들을 바라보고 인정해주는 교사와 부모들이 너무 적다. 그래서 참 아쉽다. 우리 많이 반성하자.

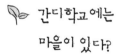 간디학교에는 마을이 있다?

간디는 아슈람이라는 공동체를 만들어 함께 생활하며 자치 공동체를 통해 문명에 대한 대안운동을 펼쳤다. 영국으로부터 정치적 독립이 된다고 진짜 독립이 되는 게 아니라, 인도에 자치마을이 수천 개가 생겨야 진정한 독립 될 거라고 했는데, 비도덕적인 정부와 자본으로부터 벗어난 진정한 삶의 공동체를 지향한 거라고 본다. 우리에게도 그대로 적용되는 이야기이고 어쩌면 더욱 절실한 문제라고 본다.

간디학교만 잘 운영하는 게 우리의 목표가 아니라 학교를 중심으로 한 삶의 자치 공동체를 조금씩 만들어 가는 것이 간디의 정신과 부합된다는 것이다. 결국 아이들을 공부시켜 자본의 노예가 되도록 하는 것이 아니라, 자기 삶의 주인이 되도록 하려면 '마을'이 복원되어야 하고 마을에서 살아갈 수 있도록 교육, 문화, 경제가 이루어져야 한다는 거다.

그래서 간디에는 아이들과 함께 아예 귀농, 귀촌을 한 부모님도 있고 단순히 교사로만 살지 않고 농사도 짓고 작업장도 하면서 살아가려는 교사들도 있다. 그리고 농업을 미래의 블루오션이라고 판단하고 서서히 귀농을 계획하는 돌연변이 졸업생도 생겨나고 있다. 어떻게 잘 조화를 이루어 함께 살아갈 궁리를 하는 것이 우리에게 과제로 남아 있다.

도시에서 살아가야만 하는 부모님들과 연대하여 농촌과 도시의 상생 공동체를 만드는 작업도 이루어져야 할 것이고 실제적으로 자립할 수 있는 경제적 토대를 만들어야 하는 경영적 노하우도 갖추어야 하겠지. 협동조합도 만들고 작업장도 만들고 공연장, 수련센터 등등 만들 것도 참 많을 것 같다.

그런데 산다는 것은 그런 보이는 것만으로 이루어지는 것이 아니라 관계 속에서 일어나는 배려, 소통에서 벌어지는 감동이 있어야 비로소 행복하게 산다고 할 수 있으니 마을을 논하기 전에 소통하려는 간절함을 확인해야 하는 게 우선이라고, 마을을 이루는 사람들의 관계가 훨씬 더 중요하다고 이곳 저곳에서 알려준다. 그래 소통하고 살아야지.

간디학교에는 마을이 있으면 좋겠다. 지금도 마을이 있으니까 그런 말 필요 없지 않냐? 는 말에는 간디가 생각하고 실현하려고 했던 그런 공동체 마을이 있으면 좋겠다는 뜻으로 알아주면 좋겠다. 마을에는 정다운 사람이 있고 시시때때로 정겨운 축제가 있고 땀 흘리며 일하는 즐거움이 있어야 한다. 베짱이와 개미가 서로 존중하고 공존하는 공동체.

홍시야, 너도 한 때 무척 떫었었지?

참 좋아하는 하이쿠 시이다. 우린 모두 부족하고 어리석다. 아이를 키우면서도 후회만 하고 산다. 하지만 그래서 사람 아닌가? 간디학교에는 간디가 없고 사랑과 자발성도 없고 마을도 존재하지 않는 것 같지만 그래도 간디를 꿈꾸며 사랑을 노래하며 살아간다.

간디 예찬, 낯간지럽지만 간디를 사랑한다. 진정한 간디인이 되고 싶다.

흔들리며 피는 꽃, 간디학교

부록

간디학교의 발자취

김정환(1학년 부담임) · 오필선(교사 대표)

1. 제천시 덕산면 이전(2002년 9월)

1997년 인가를 받은 고등과정과 지원금 분담 사용을 문제 삼은 경남도교육청과 1년여 정도 투쟁 끝에 중등과정 이전을 결정. 제천시 덕산면에서 '간디청소년 학교'를 열다.

‡ 의무교육과정인 중등과정은 미인가로서 운영되면서 인가 받은 고등과정과 지원금을 분담 사용. 2001년 양희창 교장이 법정에 서고 2003년부터는 신입생을 모집하지 않기로 하였으나 지속적으로 학교교육을 하기 위해서는 신입생이 필수적이었다. 대안교육에 좀더 너그러운 교육환경을 찾아 양희창 교장과 태영철, 손진근, 김병삼, 김현숙, 오필선, 이임주, 원현상,

노경환 등 9명의 교사가 제천시 덕산면으로 중등교육과정을 이전하였다. 2002년 9월 2학기 개학에 앞서 필요한 시설과 교육 기자재 등을 싣고 온 교사와 학부모들이 여름방학 내내 한마음으로 학교를 정비하였다. 가정이 있는 교사들은 급하게 학교 주변의 집을 구하고 정착해야 하는 2중의 수고도 있던 시기. 열악한 시설과 부족한 교사 인원을 감수하여 현재 수업공간으로 되어 있는 본관 2층을 남녀 생활관으로 사용하였고, 오필선, 이임주 교사가 각각 남녀 생활교사와 교과교사를 겸임하였다. 1학기까지 산청에서 생활했던 재학생들이 2학기 개학과 함께 제천으로 오면서 학생들도 한마음으로 학교를 가꾸며 2002년 2학기를 시작했다.

2. 신촌 창천교회 가을축제(2004년)

대안교육 운동 차원에서 대안교육을 소개하고 외부 공연을 통해 학생들의 문화적 감수성을 기르기 위한 가을축제가 신촌 창천교회에서 열리다. 교회를 가득 메운 400~500명의 학부모, 학생, 후원인, 대안교육에 관심 있는 관객들 속에서 성황리에 열린 그 해 가을축제는 2006년 건국대학교, 2011년 충주 호암 예술관으로 이어지면서 대안교육과 학교를 알리는 데 큰 역할을 하였다.

✝ 제천으로 이전 후 대안교육을 좀 더 알리고 대중화할 필요성에 따라 서울에서 공연을 하였다. 실제 학교의 주인이 누구이며 주인인 학생들이 그 또래에 누려야 할 다양한 경험을 하고 입시로부터 자유로워야 한다는 간디학교의 교육과정을 공연형식으로 보여주며 대안교육 현장의 모습을 알렸고 관련 토론도 진행되었다.

흔들리며 피는 꽃, 간디학교

3. 중 · 고통합 6년 교육과정 시작(2006년)

2006년 고등교육과정을 열며 중고통합 6년 교육과정을 구축하다. 2005년 '제천간디학교'로 학교명 개칭, 듣고 싶은 수업을 선택해 듣는 선택식 학점제도(2004), 자기주도적 학습을 위한 프로젝트 수업, 어학연수나 해외 '관광'이 아닌 평화를 주제로 한 공정여행을 통해 세계로 눈을 돌리는 고등교육과정의 이동식 해외체험학습 등으로 독자적인 교육과정을 구축하며 자리를 잡아나가다.

✝ 2002년 학교 이전 후 03년, 04년 졸업생들은 산청 시절 경험을 갖고 있었고 고등진학도 자연스럽게 산청간디학교로 이어졌다. 그러나 중등과정 이전 후 제천 출신 학생들이 산청의 고등과정에 안착하는 데 필요한 교육과정의 연속성도 고민할 수밖에 없었다. 제천간디학교는 비인가로서 교육과정의 편성이 더 자유롭고 학교 철학을 위한 다양한 활동이 적극적으로 이루어지고 있었다. 중등에 맞게 짜여진 교육과정이 고등부 학생들을 통해 결실을 맺고 성숙하게 발현하기 위해서는 통합을 통한 교육과정의 연속성이 필수적이었다. 산청에서의 경험이 전혀 없던 2003년 신입생들이 고등과정에 진학하는 2006년에 첫 고등과정을 시작하였고 2006년 중학 졸업생의 일부는 산청간디학교로, 일부는 제천에서의 고등과정을 선택하였다. 이미 2005년 입학생은 온전히 중고 통합과정임을 명시하여 입학한 터였다.

4. 생활관 '하늘마루' 착공(2006년)

학교가 내려다보이는 여름에도 눈을 볼 수 있다는 '하설산' 자락에 생활관 '하늘마루'가 착공에 들어가다. 건축가 고 정기용 님, 생활관

건축기금 마련을 위해 건국대학교에서 후원행사를 기획해준 학부모님, 행사를 준비하며 땀 흘린 학생들, 대안교육에 대한 지지와 연대를 보여준 후원인들의 도움으로 2007년 생활관 '하늘마루' 완공되다.

✝ 당시는 교육공간과 수업공간이 적절히 분리되지 않고 있었다. 교육공간 바로 위층이 생활공간이다 보니 교육활동에 영향이 미치는 일도 잦았고 중고 통합에 맞춰 고등과정 학생들의 생활공간도 절실히 필요해지던 시기였다. 부족한 학교시설 중에서 가장 우선시 되어야 하는 생활공간의 확충을 위해 여러 부지를 알아보다가 학교가 내려다 보이는 산자락에 터를 마련하여 지금의 생활관인 하늘마루를 지었다.

5. 사단법인 간디교육공동체 설립(2007년)

제천간디학교의 지속적인 성장과 학교를 넘어 대안교육운동을 전개하기 위한 사단법인 간디교육공동체를 설립하다. 설립 이후 간디교육연구소 아래 누리어울림센터를 두고 지역 아동 보육, 도서관 사업, 지역 초등학생들의 돌봄과 성장을 위한 꿈터 운영, 학교 밖 청소년들을 위한 학교 너머 등을 운영하였다. 2013년 현재 간디교육센터로 개칭한 간디교육연구소는 제천간디학교가 마을 속의 학교가 되고 그 속에서 삶과 배움을 위해 노력하고 있다.

✝ 대안교육운동의 본질은 교육 본래의 기능을 살리고 모두가 조화롭게 행복하게 사는 조건을 만들어 가는 것이다. 제천간디학교는 마을 공동체를 통해 교육과 삶을 잇고자 하며 그 역할의 주체로서 사단법인을 설립하였다.

흔들리며 피는 꽃, 간디학교

6. 교장 이취임식(2012)

2000년 교장으로 취임한 양희창 선생님에서 손진근 선생님으로 교장 이취임식이 열리다. 양희창 선생님은 간디교육공동체 이사와 간디교육센터장으로 보직을 변경하며 지역운동과 대안대학운동에 전념한다고 포부를 밝혔다. 1997년 간디청소년학교가 산청에서 열리면서부터 함께한 손진근 선생님은 지난 10년의 성과가 무르익고 학교를 넘어 덕산 지역이 삶의 터전이 될 수 있도록 애쓰고 있다.